La Messagerie

PRATIQUE DE LA COMMUNICATION COMMERCIALE EN FRANÇAIS

Christiane DESCOTES-GENON
Rosalba ROLLE-HAROLD
Elisabeth SZILAGYI

avec la collaboration de :
Isabelle GRUCA
Maude ROBIN

Dans la même collection

D. Abry, M.-L. Chalaron, J. Van Eibergen
Présent, passé, futur
Grammaire des premiers temps
avec corrigé des exercices
88 pages, format 17 x 25 cm – 37 F

M.-L. Chalaron, R. Roesch
La grammaire autrement
Sensibilisation et pratique
avec corrigé des exercices
138 pages, format 17 x 25 cm – 48 F

D. Abry, M.-L. Chalaron
La grammaire des premiers temps
avec corrigé des exercices
260 pages, format 17 x 25 cm – 90 F
Cassette de La grammaire des premiers temps
90 mn – 80 F

D. Abry, M.-L. Chalaron
A propos de...
Manuel de français langue étrangère
pour le niveau intermédiaire
260 pages, format 17 x 25 cm – 90 F
Guide pédagogique et corrigé des exercices
80 pages, format 17 x 25 cm – 50 F
Cassette de A propos de
90 mn – 80 F

C. Descotes-Genon, M.-H. Morsel, C. Richou
L'Exercisier
Exercices de grammaire pour niveau intermédiaire
336 pages, format 17 x 25 cm – 90 F
Corrigé des exercices
80 pages, format 17 x 25 cm – 50 F

Ch. Abbadie, B. Chovelon, M.-H. Morsel
L'expression française écrite et orale
200 pages, format 17 x 25 cm – 65 F
Corrigé des exercices de L'expression française
52 pages, format 17 x 25 cm – 50 F

C. Descotes-Genon, R. Rolle-Harold, E. Szilagyi
La Messagerie
Pratique de la négociation commerciale en français
160 pages, format 21 x 29,7 cm – 72 F
Corrigé des exercices de La Messagerie
32 pages, format 21 x 29,7 cm – 28 F
Cassette de La Messagerie, 60 mn – 60 F

E. Szilagyi, *Affaires à faire*
Pratique de la négociation d'affaires en français
160 pages, format 21 x 29,7 cm – 72 F
Corrigé des exercices de Affaires à faire
32 pages, format 21 x 29,7 cm – 28 F

J. Lamoureux, *Les Combines du téléphone*
Pratique de la communication téléphonique en français
avec transcription des textes complémentaires de la cassette
90 pages, format 17 x 25 cm – 50 F
Cassette des Combines du téléphone, 60 mn – 60 F

C. Descotes-Genon, S. Eurin, R. Rolle-Harold,
E. Szilagyi,
La Voyagerie
Pratique du français du tourisme
240 pages, format 21 x 29,7 cm – 90 F
Corrigé des exercices de La Voyagerie
64 pages, format 21 x 29,7 cm – 50 F
Cassette de La Voyagerie, 90 mn – 80 F

C. Descotes-Genon, E. Szilagyi
Service compris
Pratique du français de l'hôtellerie, de la restauration et de la cuisine
230 pages, format 21 x 29,7 cm – 98 F
Corrigé des exercices et guide pédagogique de Service compris
64 pages, format 21 x 29,7 cm – 50 F
Cassette de Service compris, 120 mn – 80 F

A paraître :

J. Tolas, G. Baret
Le Français des mathématiques et de la physique

Cet ouvrage a été édité avec l'aide du BRIFLE, organisme d'aide à la recherche et à l'édition du CUEF de l'université Stendhal de Grenoble.

© Presses Universitaires de Grenoble, 1990

Toute reproduction ou traduction, même partielle, par tous procédés et en tout pays, faite sans autorisation préalable de l'éditeur est illicite et exposerait le contrevenant à des poursuites judiciaires. Réf. : loi du 11 mars 1957.

ISBN 2.7061.0349.3

La Messagerie

SOMMAIRE

AVANT-PROPOS

PREMIÈRE PARTIE : CORRESPONDANCE COMMERCIALE _____ p. 9

Ecran 1 - Présentation de la lettre _____ p. 11
    1. Organisation de l'espace de la lettre _____ p. 21
    2. Les chiffres, les dates et les codes postaux _____ p. 23

Ecran 2 - La zone 5 de la lettre _____ p. 37
    1. Zone 5 : L'interpellation _____ p. 38
    2. Zone 5 : La formule de politesse _____ p. 52
    3. Zone 5 : La formule d'attaque _____ p. 56

Ecran 3 - Le corps de la lettre _____ p. 61
    1. Les paragraphes standards _____ p. 62
    2. Situations _____ p. 68
    3. Lettres lacunaires _____ p. 72

Ecran 4 - Rédaction de lettres _____ p. 77

Ecran 5 - Texte : "Les secrétaires ont le pouvoir" _____ p. 91

Ecran 6 - Publicité et lettre _____ p. 97

DEUXIÈME PARTIE : COMMUNICATIONS COMMERCIALES _____ p. 101

Ecran 1 - Le téléphone _____ p. 103
    1. Canevas _____ p. 108
    2. Notes de service et dialogues téléphoniques _____ p. 109
    3. Compréhension et communications téléphoniques _____ p. 110
    4. Dialogues lacunaires _____ p. 111

Pratique de la Communication Commerciale en Français

    5. Notes de service et jeu de rôles _____ p. 113

    6. "Des services à votre service" _____ p. 118

    7. La conférence à trois _____ p. 120

    8. Les messages téléphoniques des PTT _____ p. 123

    9. Le répondeur téléphonique _____ p. 124

Ecran 2 - Autres médias _____ p. 127

    1. La Télécopie _____ p. 128

    2. Le Minitel _____ p. 131

    3. Télex et télégrammes _____ p. 140

    4. Acquisitions lexicales _____ p. 143

TROISIÈME PARTIE : DOCUMENTATION _____ p. 147

    1. Codes et abréviations _____ p. 148

    2. Petit dictionnaire commercial _____ p. 151

    3. Petit vocabulaire commercial _____ p. 155

La Messagerie ■

Avant-propos

▶ PUBLIC

"La Messagerie" s'adresse d'une part à des étudiants qui se destinent au secrétariat, aux carrières commerciales, et qui désirent une initiation au français commercial ; d'autre part à des commerciaux professionnels ou des secrétaires en relation avec des pays francophones désirant acquérir ou consolider des connaissances langagières en français commercial.

▶ NIVEAU

Ce manuel peut être utilisé dès le niveau intermédiaire. Il se prête parfaitement à différents modes d'apprentissage :

- en complément d'un enseignement de français général (les points de grammaire traités sont donc ceux qui présentent des particularités et des régularités en français commercial).
- dans une formation spécifique en français commercial.
- en autoformation grâce au corrigé détaillé des exercices proposés.

▶ NOMBRE D'HEURES

Ce matériel a été testé à l'Université Stendhal de Grenoble en une cinquantaine d'heures dans un cursus comprenant 10 heures hebdomadaires de français général. Chaque enseignant saura moduler le nombre d'heures nécessaire selon le rythme, la fréquence et la durée des séquences pédagogiques.

▶ CHOIX MÉTHODOLOGIQUES

Une partie importante est consacrée à la compréhension et à l'expression écrites de la correspondance commerciale, qui reste un mode essentiel de communication et qui se renouvelle grâce au développement de la télématique.

Mais les relations internationales passent aussi, et de plus en plus, par des contacts téléphoniques. C'est pourquoi la compréhension et l'expression orales tiennent une grande place dans notre manuel.

➤ COMPOSITION DU MANUEL

Une première partie est consacrée à l'analyse de corpus de lettres commerciales authentiques, suivie d'exercices progressifs d'imitation pour permettre l'acquisition du vocabulaire, des normes, du savoir-écrire spécifique à la correspondance commerciale en France.

Une deuxième partie entraîne les apprenants à la compréhension et à la communication commerciale :

• pratique de la communication téléphonique par des simulations et des jeux de rôles, à partir de situations enregistrées dans divers lieux commerciaux.
• acquisition de la terminologie de la télécommunication (Minitel, télécopieur, télex, télégramme, téléphone) par des exercices de compréhension et des activités variées visant à sensibiliser l'apprenant à ces techniques de communication.

L'étudiant pourra trouver en fin de manuel :

• des informations pratiques.
• un glossaire du vocabulaire utile.
• une liste thématique des notions lexicales utilisées.

Par cet ensemble pédagogique, nous pensons faciliter l'acquisition fonctionnelle des pratiques commerciales en français et de la langue de spécialité à travers une grande variété de supports authentiques.

➤ UTILISATION

■ A l'intérieur de chaque partie, les différents "écrans" forment des ensembles complets.

■ La première partie (Correspondance commerciale) est à étudier dans l'ordre où les écrans se présentent car elle propose une progression d'acquisition des différentes pratiques (de la norme commerciale à la rédaction de lettres).

■ La deuxième partie (Communication commerciale) comporte deux écrans qui forment chacun un ensemble distinct. Leur étude peut être dissociée.

■ En fin de manuel des feuilles de papier à en-tête permettent de rédiger selon les normes les lettres proposées en exercices.

La Messagerie

- Certaines feuilles sont détachables : il s'agit d'éléments dont l'utilisation peut servir à différents moments du travail (norme, feuilles de papier à en-tête, guide de travail...)
- Le pictogramme  signale un exercice accompagné d'un enregistrement.

▶ MATÉRIEL

- un livre de l'élève
- un corrigé des exercices
- une cassette

La Messagerie est suivie de **Affaires à faire,** (dans la même collection), qui complète et prolonge la formation acquise à l'aide de ce manuel.

Les auteurs
Christiane **Descotes-Genon,** Rosalba **Rolle-Harold,** Elisabeth **Szilagyi** sont enseignantes au CUEF (Centre Universitaire d'Etudes Françaises) de l'Université Stendhal de Grenoble.

Nous remercions nos collègues
Isabelle GRUCA et **Maude ROBIN** qui ont participé à l'élaboration de ce matériel didactique.

Nous remercions également pour leur aide
Le **CUEF** (Centre Universitaire d'Etudes Françaises), Université Stendhal de Grenoble et le **BRIFLE** (Bureau pour la Recherche et l'Innovation en Français Langue Etrangère).

La Messagerie

Première partie

CORRESPONDANCE COMMERCIALE

La Messagerie

Ecran 1 - Présentation de la lettre

Dans le corpus des 5 lettres (pages suivantes)

1. Relever toutes les caractéristiques communes

2. Examiner l'organisation de l'espace

3. Remplir le tableau en répondant aux questions

Caisse d'Epargne de Grenoble.

Mademoiselle Sophie BELLEVILLE
55, Boulevard Agutte Sembat

38000 GRENOBLE

Référence à rappeler SV/VB
Service du Personnel

Grenoble, le 5 août 1983

Mademoiselle,

    Vous avez bien voulu nous adresser une demande d'emploi dans notre Etablissement et nous vous en remercions.

    Cependant, nous sommes au regret de vous faire savoir que nous n'avons pas de poste à vous proposer.

    Nous vous prions d'agréer, Mademoiselle, l'expression de nos sentiments distingués.

Le Chef du Personnel,

P.O.

S. VALETTE

CONTENTIEUX
DERNIER AVIS AVANT POURSUITES

Mademoiselle Simone MARTIN
10 rue de la Poste
38 000 Grenoble

SERVICE PRODUCTION I.R.D.

Tel. 2267
Rédac. EG

REFERENCES.

Contentieux Primes.
Police n° : 32318615
Catégorie : CONFORT
Agence : GRENOBLE OLYM.

Lyon, le 24 Mars 1986

Mademoiselle

Nous avons l'honneur de vous confirmer nos précédentes réclamations restées à ce jour, sans solution satisfaisante.
Nous vous rappelons qu'il nous est du au titre du contrat en référence la somme de 585,00 Frs dont détail ci-dessous.

Prime(s) échue(s) le(s) :

06.12.1985   585,00 frs

A défaut de régularisation dans un bref délai, nous serions dans l'obligation de devoir poursuivre le recouvrement de notre créance par voies de droit.
CE RAPPEL CONSTITUE UN DERNIER AVIS AVANT POURSUITES JUDICIAIRES.
Veuillez agréer, Melle, l'assurance de notre considération distinguée.

POUR LA COMPAGNIE

ELISABETH GILBERT

DÉLÉGATION RÉGIONALE DE LYON — 28, rue de Bonnel (angle avenue Mal de Saxe) - Lyon 3e
Adresse Postale . AGF 69435 LYON cedex 03 · Télex . 370267 AGF LYON · Tél. : 72.61.23.45 · Télécopieur : 78.95.23.90.

ASSURANCES GÉNÉRALES DE FRANCE INCENDIE ACCIDENTS RÉASSURANCE TRANSPORTS : SOCIÉTÉ ANONYME AU CAPITAL DE 850 MILLIONS DE FRANCS ENTIEREMENT VERSÉ - RC PARIS B 542110291
ASSURANCES GÉNÉRALES DE FRANCE VIE : SOCIÉTÉ ANONYME AU CAPITAL DE 290 MILLIONS DE FRANCS ENTIEREMENT VERSÉ - RC PARIS B 552124109 - SIEGE SOCIAL : 87, RUE DE RICHELIEU - 75060 PARIS CEDEX 02 - LA MÉTROPOLE - COMPAGNIE D'ASSURANCES ET DE RÉASSURANCES A PRIMES FIXES CONTRE L'INCENDIE, LES ACCIDENTS ET RISQUES DIVERS : SOCIÉTÉ ANONYME AU CAPITAL DE 22 360 000 FRANCS ENTIEREMENT VERSE - RC PARIS B 552141178 - SIEGE SOCIAL : 46-48, RUE SAINT-LAZARE - 75439 PARIS CEDEX 09 - ENTREPRISES RÉGIES PAR LE CODE DES ASSURANCES

Agence DYON
05240 - LA SALLE LES ALPES

LE HAMEAU DU MAS DE BLAIS.
Résidence :
Lot n° :

Chambéry, le

Messieurs,

Conformément aux accords passés entre votre Société et notre Groupe, nous vous prions de trouver ci-joint en deux exemplaires, la convention de location dûment signée par le client.

Cette convention de location est conditionnée par la signature de l'acte authentique. Notre service comptabilité ne manquera pas de vous aviser de ladite signature.

Dès qu'elle aura eu lieu, vous pourrez retourner à notre client commun un mandat de gestion régularisé par vous-mêmes.

Dans cette attente, nous vous prions de croire, Messieurs, à l'assurance de notre parfaite considération.

MERALPES

PJ - 2 exemplaires
convention de location.

Chambéry
215 chemin des Moulins
73000 Chambéry
Tél. (79) 33.52.54
Télex DELTAGE 320 413 F

Groupe Delta Promotion. Delta Gestion. SARL au capital de 250 000 francs. RC Chambéry B 317 822 765. SIRET 317 822 765 000 10. Code APE 7901

SARL au capital de 100 000 francs

215, chemin des moulins
73000 Chambéry
Tél. 79/ 33.52.54
Télex DELTAGE 320 413 F

RCS Chambéry B321 459 323

JCR/ED - S 2024.

Objet : parc locatif
LE GENOIS, Cap d'Agde.

CABINET IMMOBILIER DAUPHINOIS
Monsieur Jack DAUMET
52, boulevard Maréchal Foch
38000 - GRENOBLE

Chambéry, le 11 mars 1983

Monsieur,

Vous voudrez bien avoir l'obligeance d'ajouter à notre parc locatif, l'appartement n° 33, lot 32, bâtiment A, studio au 3e étage de 24,11 m2, orientation sud, pk 32, appartenant à Monsieur BERROTTE Jacques.

Monsieur BERROTTE souhaite occuper son appartement pour la période du 4 avril au 9 avril.

Veuillez croire, Monsieur, à l'assurance de notre parfaite considération.

Jean-Claude REVOL

immobilier
J.-P. PAILLET
s.a.r.l. au capital de 30 000F

5, av. Marcelin Berthelot
38100 GRENOBLE
Tél. (76) 46.82.01
lignes groupées

TRANSACTIONS SUR IMMEUBLES
ET FONDS DE COMMERCE
ADMINISTRATION D'IMMEUBLES
REGIE – SYNDIC

CHAMBRE RÉGIONALE DES
PROFESSIONNELS IMMOBILIERS

CRPI
Professionnel
AGRÉÉ

garantie par la société de caution SOCAF
28, rue Louis le Grand – 75002 PARIS
Transactions 500 000 F
Gestion 900 000 F

cartes professionnelles n° 423 et 247
délivrées par la préfecture de l'Isère
Intitulées : transactions sur immeubles et
fonds de commerce : gestion

Lettre 5

M. GILIBERT
116, avenue Lacassagne
69003 LYON

V/réf.
N/réf. R.JPP.CG   Grenoble, le 14/05/84

Résidence LE GENOIS - LE CAP D'AGDE -

Madame, Monsieur,

Vous avez bien voulu nous confier la gestion de votre appartement à la Résidence LE GENOIS pour la saison 1984, ce dont nous vous remercions.

Par conséquent, vous trouverez ci-joint, un mandat de location saisonnière. Nous vous prions de nous retourner un exemplaire de ce mandat, dûment complété et signé, dans les meilleurs délais.

Dans l'attente et restant à votre entière disposition pour tout complément d'information qu'il vous serait utile de connaître,

Recevez, Madame, Monsieur, l'expression de nos sentiments les plus dévoués.

J.P. PAILLET

La Messagerie

ZONES	QUESTIONS	LETTRE 1	LETTRE 2	LETTRE 3	LETTRE 4	LETTRE 5
1	• Qui écrit ?					
2						
6	• Où est placé le nom de l'expéditeur ? (en-tête)					
	• Y a-t-il des renseignements sur l'expéditeur et où ?					
3	• A qui écrit-on ? (= destinataire)					
	• Où est placée la suscription ?					
	• Comment est présentée la vedette ?					
4	• Où sont rappelés le nom du destinataire et celui de l'expéditeur ?					
	• Sous quelle forme ? (références)					
	• Où est résumé le motif de la lettre ? (= objet)					
	• Est-ce que la lettre a été envoyée seule ?					
	• D'où a été envoyée la lettre ?					
	• Quand a-t-elle été écrite ?					
	• Sous quelle forme sont présentés ces 2 renseignements ?					
	• Où sont-ils situés ?					
5	• Où est placé le texte de la lettre ?					
	• Observez les marges de droite et de gauche, que constatez-vous ?					
	• Pourquoi ?					
	• A qui est adressé le texte de la lettre ? (= interpellation)					
	• Où est placée l'interpellation ?					
	• Où est placé le début des paragraphes ?					
	• Que remarquez-vous dans la disposition des paragraphes ?					
	• Qui a signé la lettre ? (= signataire)					
	• Où est placée la signature manuscrite ?					

ZONE 1

EN-TETE

39 mm

ZONE 3

SUSCRIPTION
ou
VEDETTE

34 mm

ZONE 2

ZONE 4

REFERENCES

VOS REF. :
NOS REF. :   VILLE
OBJET :   LE
P.J.-Ann. :

30 mm

ZONE 5

INTERPELLATION 1

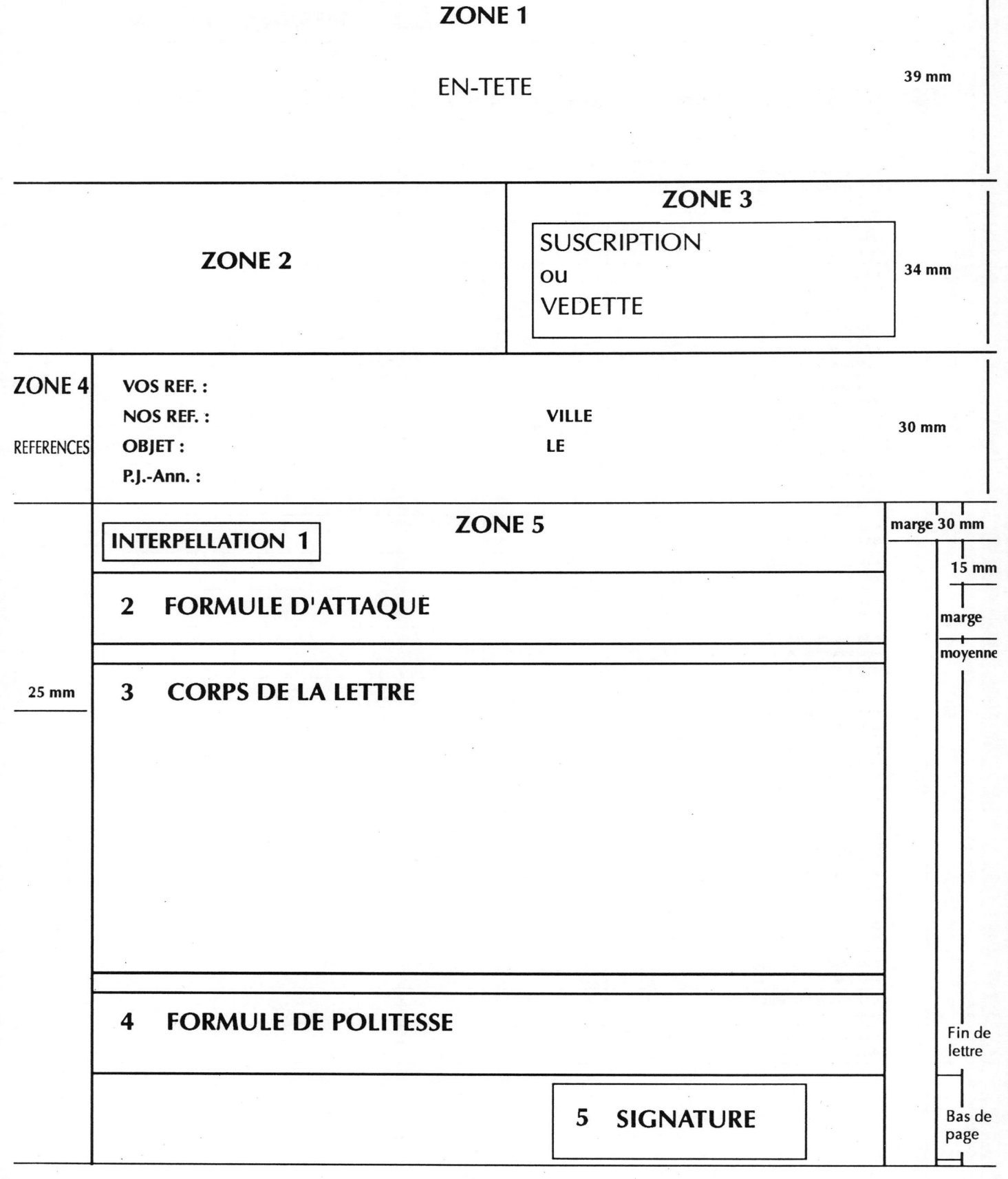

marge 30 mm

15 mm

marge moyenne

2 **FORMULE D'ATTAQUE**

25 mm

3 **CORPS DE LA LETTRE**

4 **FORMULE DE POLITESSE**

Fin de lettre

5 **SIGNATURE**

Bas de page

ZONE 6

RENSEIGNEMENTS COMPLEMENTAIRES

VOS REF. :
NOS REF. :
OBJET :
P.J.-Ann. :

Cette norme vous servira pour rédiger les lettres demandées.

La Messagerie

1. Organisation de l'espace de la lettre

ZONE 1 : En-tête

Contenu	Disposition
■ Expéditeur	Mentions pré-imprimées
• Nom, raison sociale ou dénomination commerciale	
• Adresse	En majuscules
• Numéro d'inscription au registre du commerce (cf plus loin)	
• Numéro de téléphone	
• Centre et numéro de compte postal (CCP)	Ces renseignements -ou une partie- peuvent être reportés en *Zone 2* ou en *Zone 6* pour alléger l'en-tête
Eventuellement	
• Forme de société et montant du capital social	
• Numéro de télex	
• Références du compte bancaire	
• Adresse télégraphique	

ZONE 2 : Renseignements complémentaires ou motif publicitaire

ZONE 3 : Suscription ou Vedette = Nom et adresse du destinataire

ZONE 4 : Références

Contenu	Disposition
■ Références de la lettre à laquelle on répond	A aligner après les mots abrégés pré-imprimés
■ Nos références (cf plus loin)	
■ Objet (motif de la lettre)	
■ Pièces jointes (annexes : énumération ou mention du nombre de documents)	
■ Ville et date de départ	Indication de la date à la suite de : *Le...*

ZONE 5 : Texte de la lettre

1 - Interpellation (*ou* titre de civilité *ou* formule d'appellation)

Renvoie à la personne à qui on s'adresse.
ex : Madame, Monsieur, Monsieur le Directeur... (Pour le choix, voir plus loin).

2 - Formule d'attaque

Rappelle l'objet de la lettre de manière encore imprécise.
Peut rappeler la réception d'une lettre à laquelle on répond, par exemple (cf plus loin).

3 - Corps de la lettre

Objet précis de la lettre.

4 - Formule de politesse

Varie selon le correspondant (cf plus loin).

> *N.B. : Le signe "fin de lettre" indique qu'il ne reste plus que l'emplacement nécessaire pour une ligne de texte.*
>
> *Pour une lettre plus longue, après le signe "bas de page" on peut écrire encore une ligne de texte avant de passer à la page "suite".*

5 - Signature

précédée du titre du signataire.
ex : le Directeur,
ex : P/ Le Directeur (pour le Directeur)

Le Directeur
P/o

        Signature
        Nom + titre

La formule P/o (Par ordre) signifie que le signataire de la lettre est mandaté par le Directeur (ou un autre responsable : chef de service, sous-directeur...) pour signer le document.

Cette manière de faire engage la responsabilité du signataire, comme celle du Directeur : face à la loi, ils sont tous deux responsables, au nom de l'entreprise.

Ceci est important dans le cas où la lettre a pour objet un accord économique, un recrutement de personnel, une décision administrative.

La formule P/Le Directeur (Pour le Directeur) n'a pas cet enjeu juridique. Elle est donc utilisée dans le cas de lettres dont l'objet a moins d'importance : réponse à une lettre, information...

ZONE 6 : Renseignements complémentaires = Mentions préimprimées.

La Messagerie

2. Les chiffres, les dates et les codes postaux

Exercice 1 : Ecrire les dates suivantes - Puis les lire.

Ex : Paris le 13/02/1985
Paris le 13 février 1985

a. Marseille le 18/03/1983
b. Grenoble le 02/04/1987
c. Bordeaux le 19/05/1986
d. Toulon le 25/06/1984
e. Nice le 28/07/1988

f. Perpignan le 17/08/1985
g. Le Havre le 30/09/1989
h. Nantes le 09/10/1990
i. Strasbourg le 06/11/1993
j. Saint-Etienne le 03/12/1997

Le code postal

Le code postal fonctionne de façon différente selon l'importance de la ville.

3 niveaux
grande ville : le code est différent selon la rue
ville moyenne : le code est le même pour toute la ville
petite commune : on a un bureau distributeur

Exercice 2 : Regarder les pages du code postal jointes

Rechercher les codes postaux de ces localités :

a. Agen
b. Bormes les Mimosas
c. Die
d. Saint Martin le Vinoux

e. Agde
f. Bort les Orgues
g. Dieppe
h. Saint Martin du Var

Exercice 3 : Regarder les pages du code postal jointes et relever le code postal des localités suivantes :

Rechercher le code postal des communes suivantes :

a. Ade
b. Agencourt
c. Bornay
d. Bossieu

e. Deyvillers
f. Didenheim
g. Saint Martin en Vercors
h. Saint Martin sur la Renne

Document

73   **BOU**

Commune	Code	Bureau distributeur
BORDEAUX ARMEES	33998	**BORDEAUX ARMEES**
BORDEAUX	77140	CLAYE SOUILLY
BORDEAUX EN GATINAIS	45340	BEAUNE LA ROLANDE
BORDEAUX ST CLAIR	76790	ETRETAT
BORDERES	64800	NAY BOURDETTES
BORDERES ET LAMENSANS	40270	GRENADE SUR L ADOUR
BORDERES LOURON	65590	**BORDERES LOURON**
BORDERES SUR L ECHEZ	65320	**BORDERES SUR L ECHEZ**
BORDES	64320	BIZANOS
BORDES	65190	TOURNAY
BORDES DE RIVIERE	31210	MONTREJEAU
BORDEZAC	30160	BESSEGES
BORDS	17430	TONNAY CHARENTE
BOREE	07310	ST MARTIN DE VALAMAS
BORESSE ET MARTRON	17270	MONTGUYON
BOREST	60300	SENLIS
BOREY	70110	VILLERSEXEL
BORGO	20290	**BORGO**
BORMES LES MIMOSAS	83230	**BORMES LES MIMOSAS**
BORN DES CHAMPS	24440	BEAUMONT
BORNAMBUSC	76110	GODERVILLE
BORNAY	39570	LONS LE SAUNIER
BORNE	07590	ST ETIENNE DE LUGDARES
BORNE	43350	ST PAULIEN
BORNEL	60540	**BORNEL**
BORON	90100	DELLE
BORRE	59190	HAZEBROUCK
BORREZE	24590	SALIGNAC EYVIGNES
BORS DE BAIGNES	16360	BAIGNES STE RADEGONDE
BORS DE MONTMOREAU	16190	MONTMOREAU ST CYBARD
BORT L ETANG	63190	LEZOUX
BORT LES ORGUES	19110	**BORT LES ORGUES**
BORVILLE	54290	BAYON
BOSAS	07410	ST FELICIEN
BOSC BENARD COMMIN	27520	BOURGTHEROULDE INFREVILLE
BOSC BENARD CRESCY	27310	BOURG ACHARD
BOSC BERENGER	76680	ST SAENS
BOSC BORDEL	76750	BUCHY
BOSC EDELINE	76750	BUCHY
BOSC GUERARD ST ADRIEN	76710	MONTVILLE
BOSC HYONS	76220	GOURNAY EN BRAY
BOSC LE HARD	76850	**BOSC LE HARD**
BOSC MESNIL	76680	ST SAENS
BOSC MOREL	27270	BROGLIE
BOSC RENOULT EN OUCHE	27330	LA BARRE EN OUCHE
BOSC RENOULT EN ROUMOIS	27520	BOURGTHEROULDE INFREVILLE
BOSC ROGER SUR BUCHY	76750	BUCHY
BOSCAMNANT	17360	ST AIGULIN
BOSCHERVILLE	27520	BOURGTHEROULDE INFREVILLE
BOSDARROS	64290	GAN
BOSGOUET	27310	BOURG ACHARD
BOSGUERARD DE MARCOUVILLE	27520	BOURGTHEROULDE INFREVILLE
BOSJEAN	71330	ST GERMAIN DU BOIS
BOSMIE L AIGUILLE	87110	SOLIGNAC
BOSMONT SUR SERRE	02250	MARLE
BOSMOREAU LES MINES	23400	BOURGANEUF
BOSNORMAND	27670	LE BOSC ROGER EN ROUMOIS
BOSQUENTIN	27480	LYONS LA FORET
BOSROBERT	27800	BRIONNE
BOSROGER	23200	AUBUSSON
BOSSANCOURT	10140	VENDEUVRE SUR BARSE
BOSSAY SUR CLAISE	37290	PREUILLY SUR CLAISE
BOSSEE	37240	LIGUEIL
BOSSELSHAUSEN	67330	BOUXWILLER
BOSSENDORF	67270	HOCHFELDEN
BOSSERVILLE	54510	TOMBLAINE
BOSSET	24130	LA FORCE
BOSSEVAL ET BRIANCOURT	08350	DONCHERY
BOSSEY	74160	ST JULIEN EN GENEVOIS
BOSSIEU	38260	LA COTE ST ANDRE
BOSSUGAN	33350	CASTILLON LA BATAILLE
BOSSUS LES RUMIGNY	08290	RUMIGNY
BOST	03300	CUSSET
BOSTENS	40090	MONT DE MARSAN
BOSVILLE	76450	CANY BARVILLE
BOTANS	90400	DANJOUTIN
BOTLEZAN	22140	BEGARD
BOTMEUR	29218	HUELGOAT
BOTSORHEL	29248	GUERLESQUIN
BOTZ EN MAUGES	49110	ST PIERRE MONTLIMART
BOU	45660	MARDIE
BOUAFLE	78410	AUBERGENVILLE
BOUAFLES	27700	LES ANDELYS
BOUAN	09310	LES CABANNES
BOUAYE	44830	**BOUAYE**
BOUBERS LES HESMOND	62990	BEAURAINVILLE
BOUBERS SUR CANCHE	62270	FREVENT
BOUBIERS	60240	CHAUMONT EN VEXIN
BOUC BEL AIR	13320	**BOUC BEL AIR**
BOUCAGNERES	32810	AUCH
BOUCAU	64340	**BOUCAU**
BOUCE	03150	VARENNES SUR ALLIER
BOUCE	61570	MORTREE
BOUCEY	50170	PONTORSON

La Messagerie

Document

151   **DIE**

Commune	CP	Bureau distributeur
DETRIER	73110	LA ROCHETTE
DETTEY	71190	ETANG SUR ARROUX
DETTWILLER	67490	**DETTWILLER**
DEUIL LA BARRE	95170	**DEUIL LA BARRE**
DEUILLET	02700	TERGNIER
DEULEMONT	59890	QUESNOY SUR DEULE
DEUX CHAISES	03240	LE MONTET
DEUX EVAILLES	53150	MONTSURS
DEUX JUMEAUX	14230	ISIGNY SUR MER
DEUX VERGES	15110	CHAUDES AIGUES
DEUXNOUDS AUX BOIS	55300	ST MIHIEL
DEUXNOUDS DEVANT BEAUZEE	55250	SEUIL D ARGONNE
DEUXVILLE	54370	EINVILLE
DEVAY	58300	DECIZE
DEVECEY	25870	GENEUILLE
DEVESSET	07320	ST AGREVE
DEVEZE	65230	CASTELNAU MAGNOAC
DEVIAT	16190	MONTMOREAU ST CYBARD
DEVILLAC	47210	VILLEREAL
DEVILLE	08800	MONTHERME
DEVILLE LES ROUEN	76250	**DEVILLE LES ROUEN**
DEVISE	80200	PERONNE
DEVROUZE	71330	ST GERMAIN DU BOIS
DEYCIMONT	88600	BRUYERES
DEYME	31450	MONTGISCARD
DEYVILLERS	88000	EPINAL
DEZIZE LES MARANGES	71150	CHAGNY
DHUISY	77440	LIZY SUR OURCQ
DHUIZEL	02220	BRAINE
DHUIZON	41220	LA FERTE ST CYR
DIANCEY	21430	LIERNAIS
DIANE ET KERPRICH	57830	HEMING
DIANT	77940	VOULX
DIARVILLE	54930	**DIARVILLE**
DICONNE	71330	ST GERMAIN DU BOIS
DICY	89120	CHARNY
DIDENHEIM	68200	MULHOUSE
DIE	26150	**DIE**
DIEBLING	57450	FAREBERSVILLER
DIEBOLSHEIM	67230	BENFELD
DIEDENDORF	67260	SARRE UNION
DIEFFENBACH AU VAL	67220	VILLE
DIEFFENBACH LES WOERTH	67360	WOERTH
DIEFFENTHAL	67650	DAMBACH LA VILLE
DIEFMATTEN	68780	SENTHEIM
DIEME	69170	TARARE
DIEMERINGEN	67430	**DIEMERINGEN**
DIEMOZ	38790	ST GEORGE D ESPERANCHE
DIENAY	21120	IS SUR TILLE
DIENNE	15300	MURAT
DIENNE	86410	VERRIERES
DIENNES AUBIGNY	58340	CERCY LA TOUR
DIENVILLE	10500	BRIENNE LE CHATEAU

LA POSTE

Pour votre prospection commerciale

Publicité adressée :
Des tarifs spéciaux sont appliqués à vos envois en grand nombre adressés directement à vos clients (minimum 1 000 envois).

Publicité sans adresse :
Des tarifs sur-mesure vous sont proposés pour une distribution dans toutes les boîtes aux lettres de la zone que vous désirez prospecter (quartier, ville, région, France entière).

DIEPPE	76200	DIEPPE

Boîtes postales ou distributions spéciales (1)
76201 à 76209 DIEPPE CEDEX

Sous-préfecture	76208	DIEPPE CEDEX
Mairie	76208	DIEPPE CEDEX
PTT	76208	DIEPPE CEDEX
Sécurité sociale	76207	DIEPPE CEDEX
Service des Finances	76208	DIEPPE CEDEX
Allocations familiales	76207	DIEPPE CEDEX
Agence nationale pour l'emploi	76208	DIEPPE CEDEX
URSSAF	76207	DIEPPE CEDEX
Chambre de commerce	76202	DIEPPE CEDEX
Douanes	76208	DIEPPE CEDEX
Gendarmerie	76208	DIEPPE CEDEX
Justice	76208	DIEPPE CEDEX
Police (commissariat central)	76208	DIEPPE CEDEX
EDF	76203	DIEPPE CEDEX
SNCF	76203	DIEPPE CEDEX
Hôpital	76208	DIEPPE CEDEX

Pratique de la Communication Commerciale en Français

Document

ACY 2

ACY ROMANCE	08300	RETHEL
ADAINCOURT	57580	REMILLY
ADAINVILLE	78113	CONDE SUR VESGRE
ADAM LES PASSAVANT	25360	BOUCLANS
ADAM LES VERCEL	25530	VERCEL VILLEDIEU LE CAMP
ADAMSWILLER	67320	DRULINGEN
ADAST	65260	PIERREFITTE NESTALAS
ADE	65100	LOURDES
ADELANGE	57380	FAULQUEMONT
ADELANS	70200	LURE
ADERVIELLE	65240	ARREAU
ADILLY	79200	PARTHENAY
ADINFER	62116	BUCQUOY
ADISSAN	34230	PAULHAN
ADOMPT	88270	DOMPAIRE
ADON	45230	CHATILLON COLIGNY
ADRIERS	86430	**ADRIERS**
AEROPORT D ORLY	94390	ORLY AEROGARE
AFA	20167	MEZZAVIA
AFFIEUX	19260	TREIGNAC
AFFLEVILLE	54800	JARNY
AFFOUX	69170	TARARE
AFFRACOURT	54740	HAROUE
AFFRINGUES	62380	LUMBRES
AGASSAC	31230	L ISLE EN DODON
AGAY	83700	ST RAPHAEL
AGDE	34300	**AGDE**

Boîtes postales ou distributions spéciales (1)
34301 à 34309 AGDE CEDEX

AGEL	34210	OLONZAC
AGEN	47000	**AGEN**

Boîtes postales ou distributions spéciales (1)
47001 à 47019 AGEN CEDEX

Préfecture	47016	AGEN CEDEX
Trésorerie générale	47016	AGEN CEDEX
Inspection académique	47015	AGEN CEDEX
Direction(s) PTT	47015	AGEN CEDEX
Mairie	47015	AGEN CEDEX
Caisse primaire Sécurité sociale	47016	AGEN CEDEX
Allocations familiales	47012	AGEN CEDEX
URSSAF	47016	AGEN CEDEX
Agence nationale pour l'emploi	47015	AGEN CEDEX
ESOAT (militaires)	47016	AGEN CEDEX
Cité administrative Lacuée	47015	AGEN CEDEX
AGEN D AVEYRON	12630	GAGES
AGENCOURT	21700	NUITS ST GEORGES
AGENVILLE	80370	BERNAVILLE
AGENVILLERS	80150	CRECY EN PONTHIEU
AGEVILLE	52340	BIESLES
AGEY	21410	PONT DE PANY
AGHIONE	20270	ALERIA
AGINCOURT	54770	BOUXIERES AUX CHENES
AGME	47350	SEYCHES
AGNAC	47800	MIRAMONT DE GUYENNE
AGNAT	43100	BRIOUDE
AGNEAUX	50000	ST LO
AGNETZ	60600	CLERMONT
AGNEZ LES DUISANS	62161	MAROEUIL
AGNICOURT ET SECHELLES	02340	MONTCORNET
AGNIERES	62690	AUBIGNY EN ARTOIS
AGNIERES	80290	POIX DE PICARDIE
AGNIERES EN DEVOLUY	05250	ST ETIENNE EN DEVOLUY
AGNIN	38150	ROUSSILLON
AGNOS	64400	OLORON STE MARIE
AGNY	62217	BEAURAINS
AGON COUTAINVILLE	50230	**AGON COUTAINVILLE**
AGONAC	24460	**AGONAC**
AGONES	34190	GANGES
AGONGES	03210	SOUVIGNY
AGONNAY	17350	ST SAVINIEN
AGOS VIDALOS	65400	ARGELES GAZOST
AGRIS	16110	LA ROCHEFOUCAULD
AGUDELLE	17500	JONZAC
AGUESSAC	12520	**AGUESSAC**
AGUILCOURT	02190	GUIGNICOURT
AGUTS	81470	CUQ TOULZA
AGY	14400	BAYEUX
AHAXE ALCIETTE BASCASSAN	64220	ST JEAN PIED DE PORT
AHETZE	64210	BIDART
AHEVILLE	88500	MIRECOURT
AHUILLE	53940	ST BERTHEVIN
AHUN	23150	**AHUN**
AHUY	21121	FONTAINE LES DIJON
AIBES	59149	COUSOLRE
AIBRE	25750	ARCEY
AICIRITS	64120	ST PALAIS
AIFFRES	79230	PRAHECQ

La Messagerie

Document

529 **STM**

Commune	Code	Bureau distributeur
ST MARTIN DU BOIS	33230	COUTRAS
ST MARTIN DU BOIS	49113	**ST MARTIN DU BOIS**
ST MARTIN DU BOSCHET	77320	LA FERTE GAUCHER
ST MARTIN DU CLOCHER	16700	RUFFEC
ST MARTIN DU FOUILLOUX	49170	ST GEORGES SUR LOIRE
ST MARTIN DU FOUILLOUX	79420	REFFANNES
ST MARTIN DU FRENE	01430	MAILLAT
ST MARTIN DU LAC	71110	MARCIGNY
ST MARTIN DU LIMET	53800	RENAZE
ST MARTIN DU MANOIR	76290	MONTIVILLIERS
ST MARTIN DU MESNIL OURY	14140	LIVAROT
ST MARTIN DU MONT	01160	PONT D AIN
ST MARTIN DU MONT	21440	ST SEINE L ABBAYE
ST MARTIN DU MONT	71580	SAGY
ST MARTIN DU PUY	33540	SAUVETERRE DE GUYENNE
ST MARTIN DU PUY	58140	LORMES
ST MARTIN DU TARTRE	71460	ST GENGOUX LE NATIONAL
ST MARTIN DU TERTRE	89100	SENS
ST MARTIN DU TERTRE	95270	LUZARCHES
ST MARTIN DU TILLEUL	27300	BERNAY
ST MARTIN DU VAR	06670	**ST MARTIN DU VAR**
ST MARTIN DU VIEUX BELLEME	61130	BELLEME
ST MARTIN DU VIVIER	76160	DARNETAL
ST MARTIN EN BIERE	77630	BARBIZON
ST MARTIN EN BRESSE	71620	**ST MARTIN EN BRESSE**
ST MARTIN EN CAMPAGNE	76370	NEUVILLE LES DIEPPE
ST MARTIN EN GATINOIS	71350	VERDUN SUR LE DOUBS
ST MARTIN EN HAUT	69850	**ST MARTIN EN HAUT**
ST MARTIN EN VERCORS	26420	LA CHAPELLE EN VERCORS
ST MARTIN GIMOIS	32450	SARAMON
ST MARTIN L AIGUILLON	61320	CARROUGES
ST MARTIN L ARS	86350	USSON DU POITOU
ST MARTIN L ASTIER	24400	MUSSIDAN
ST MARTIN L HEUREUX	51600	SUIPPES
ST MARTIN L HORTIER	76270	NEUFCHATEL EN BRAY
ST MARTIN L INFERIEUR	07400	LE TEIL D ARDECHE
ST MARTIN LA CAMPAGNE	27930	EVREUX
ST MARTIN LA GARENNE	78520	LIMAY
ST MARTIN LA MEANNE	19320	MARCILLAC LA CROISILLE
ST MARTIN LA PATROUILLE	71460	ST GENGOUX LE NATIONAL
ST MARTIN LA PLAINE	42800	RIVE DE GIER
ST MARTIN LA RIVIERE	86300	CHAUVIGNY
ST MARTIN LA SAUVETE	42260	ST GERMAIN LAVAL
ST MARTIN LABOUVAL	46330	CABRERETS
ST MARTIN LACAUSSADE	33390	BLAYE
ST MARTIN LAGUEPIE	81170	CORDES
ST MARTIN LALANDE	11400	CASTELNAUDARY
ST MARTIN LARS EN STE HERMINE	85210	STE HERMINE
ST MARTIN LE BEAU	37270	MONTLOUIS SUR LOIRE
ST MARTIN LE BOUILLANT	50800	VILLEDIEU LES POELES
ST MARTIN LE CHATEL	01310	POLLIAT
ST MARTIN LE COLONEL	26190	ST JEAN EN ROYANS
ST MARTIN LE GAILLARD	76260	EU
ST MARTIN LE GREARD	50820	BRIX
ST MARTIN LE HEBERT	50820	BRIX
ST MARTIN LE MAULT	87360	LUSSAC LES EGLISES
ST MARTIN LE NOEUD	60000	BEAUVAIS
ST MARTIN LE PIN	24300	NONTRON
ST MARTIN LE REDON	46700	PUY L EVEQUE
ST MARTIN LE VIEIL	11170	ALZONNE
ST MARTIN LE VIEUX	87700	AIXE SUR VIENNE
ST MARTIN LE VINOUX	38950	**ST MARTIN LE VINOUX**
ST MARTIN LES EAUX	04100	MANOSQUE
ST MARTIN LES LANGRES	52200	LANGRES
ST MARTIN LES MELLE	79500	MELLE
ST MARTIN LES SEYNE	04460	SELONNET
ST MARTIN LESTRA	42110	FEURS
ST MARTIN LONGUEAU	60700	PONT STE MAXENCE
ST MARTIN LYS	11500	QUILLAN
ST MARTIN OMONVILLE	76680	ST SAENS
ST MARTIN PETIT	47200	MARMANDE
ST MARTIN RIVIERE	02110	BOHAIN EN VERMANDOIS
ST MARTIN SEPERT	19210	LUBERSAC
ST MARTIN SOUS MONTAIGU	71640	GIVRY
ST MARTIN SOUS VIGOUROUX	15230	PIERREFORT
ST MARTIN ST FIRMIN	27450	ST GEORGES DU VIEVRE
ST MARTIN STE CATHERINE	23430	CHATELUS LE MARCHEIX
ST MARTIN SUR ARMANCON	89700	TONNERRE
ST MARTIN SUR ARVE	74700	SALLANCHES
ST MARTIN SUR COJEUL	62128	CROISILLES
ST MARTIN SUR ECAILLON	59213	BERMERAIN
ST MARTIN SUR CHAMBRE	73130	LA CHAMBRE
ST MARTIN SUR LA RENNE	52330	COLOMBEY LES DEUX EGLISES
ST MARTIN SUR LAVEZON	07400	LE TEIL D ARDECHE
ST MARTIN SUR LE PRE	51000	CHALONS SUR MARNE
ST MARTIN SUR NOHAIN	58150	POUILLY SUR LOIRE

27

PRATIQUE DE LA COMMUNICATION COMMERCIALE EN FRANÇAIS

Exercice 4 : Trouver le code postal des adresses suivantes.

Regarder le code postal (pages suivantes)

a. - Mme Martin, 14 Impasse Ampère à Angers
b. - M. Durand, 18 Cours du Maréchal Juin à Bordeaux
c. - M. Duval, 2 Square Henry Paté à Paris
d. - M. Dupont, 8 Chemin de la Briqueterie à Lille
e. - M. Favier, 10 Quai d'Algérie à Rouen
f. - M. Louviers, 25 Cité Chauvin au Havre
g. - M. Lanvin, 6 Allée des Landes à Dijon

Exercice 5 : Disposer correctement et mettre dans l'ordre les adresses suivantes en consultant les pages du code postal. Le nom de la localité est souligné.

a. Durand / 28 / Alain / <u>Agen</u> / rue d'Alençon
b. Favier / Boulevard Suchet / Jacques / <u>Agde</u> / 32
c. Impasse de la Tourelle / Paul / Grand / 8 / <u>Dieppe</u>
d. Brigitte / 110 / <u>Agencourt</u> / Avenue du Général de Gaulle / Jacquet
e. 14 / Marie / Place Victor Hugo / Dupont / <u>St Martin en Vercors</u>
f. Allée des Mimosas / <u>St Martin sur la Renne</u> / Philippe / Martin / 28

La Messagerie

Document pour l'exercice 4

ANG 14

ANGERS
VILLE DESSERVIE
PAR DEUX BUREAUX DISTRIBUTEURS
AYANT POUR INDICATIF POSTAL :
49000   49100

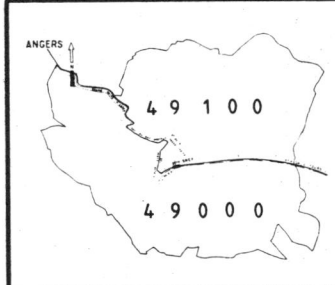

Boîtes postales ou distributions spéciales (1)
49001 à 49049 ANGERS CEDEX

Préfecture	49040	ANGERS CEDEX
Trésorerie générale	49040	ANGERS CEDEX
Inspection académique	49043	ANGERS CEDEX
Direction des Postes	49035	ANGERS CEDEX
Direction opérationnelle des Télécommunications	49043	ANGERS CEDEX
Mairie	49035	ANGERS CEDEX
Caisse primaire Sécurité sociale	49037	ANGERS CEDEX
Allocations familiales	49027	ANGERS CEDEX
URSSAF	49025	ANGERS CEDEX
SNCF	49044	ANGERS CEDEX
Agence nationale pour l'emploi (section départementale)	49021	ANGERS CEDEX
Cité administrative	49043	ANGERS CEDEX

Pour vos envois jusqu'à 5 kg.

LISTE DES PRINCIPALES RUES AVEC L'INDICATIF POSTAL DE LEUR BUREAU DISTRIBUTEUR

ABBAYE	Rue de l'Abbaye	49100
ABBE	Rue et square du Bois l'Abbé	49100
ABBE	Village relais du Bois l'Abbé	49100
ACADEMIE	Place de l'Académie	49100
ADER	Impasse Clément Ader	49100
AIGNAN	Rue Saint Aignan	49100
AIGUILLERIE	Rue de l'Aiguillerie	49100
AILLERIES	Rue des Ailleries	49000
AIR	Rue de Bel Air	49000
AIRE	Rue du Champ et square Aire	49000
AIX	Rue des Aix	49100
ALEXANDRE Ier	Square Alexandre Ier	49100
ALIX	Rue Gabriel et Julien Alix	49000
ALANIC	Rue Mathilde Alanic	49100
ALLARD	Rue et square Gaston Allard	49000
ALLARD	Rue du Major Allard	49100
ALLENDE	Rue Salvador Allende	49000
ALLONNEAU	Boulevard Auguste Allonneau	49100
ALSACE	Rue Alsace	49100
AMPERE	Impasse Ampère	49100
ANCEAU	Rue du Puits Anceau	49100
ANCRE	Rue du Port de l'Ancre	49100
ANGERS	Rue David d'Angers	49100
ANGLES	Rue des Angles	49100
ANJOU	Rue d'Anjou	49100
ANON	Chemin du Cul d'Anon	49100
ANGUETIL	Place Bernard Anguetil	49100
ANTIOCHE	Rue d'Antioche	49100
APPENTIS	Chemin de l'Appentis	49100
ARAGO	Boulevard Arago	49100
ARBRISSEL	Boulevard d'Arbrissel	49000
ARC	Avenue et square Jeanne d'Arc	49100
ARCEAU	Rue du Petit Arceau	49100
ARENES	Rue et passage des Arènes	49100
ARGENT	Rue Gâte Argent	49100
ARNAULT	Boulevard Henri Arnault	49100
ARTILLEURS	Rue des Artilleurs	49100
ARTOIS	Rue d'Artois	49100
ASMLER	Rue et passage Asmler	49100
ASSAS	Rue d'Assas	49000
AUBEPIN	Rue et square de l'Aubépin	49100
AUBER	Rue Auber	49100
AUBIN	Rue Saint Aubin	49100
AUBRIERE	Rue de l'Aubrière	49100
AUBRY	Rue des Frères Aubry	49000
AUDUSSON	Rue Audusson	49000
AUGUSTIN	Rue Saint Augustin	49000
AUTEUIL	Rue l'Auteuil	49000
AUVERGNE	Rue d'Auvergne	49000
AVENIR	Rue des Prévoyants de l'Avenir	49000
AXILETTE	Rue Alexis Axilette	49000
AYRAULT	Boulevard Ayrault	49100

Document pour l'exercice 4

69   **BORDEAUX**

DUVERGIER	Rue Duvergier	33200
EAU	Rue du Château d'Eau	33000
ECOLES	Rue des Ecoles	33200
EGLISE	Rue de l'Eglise	33200
ELISABETH	Rue Sainte Elisabeth	33000
ELISABETH	Rue Sainte Elisabeth	33200
ENGHIEN	Rue d'Enghien	33000
ENNERY	Rue Robert d'Ennery	33200
EPARGNE	Rue de l'Epargne	33200
EPEE	Rue Abbé de l'Epée	33000
ESPIOT	Rue Espiot	33200
ETCHENIQUE	Rue Etchenique	33200
ETIENNE	Rue Saint Etienne	33000
ETOILE	Rue Belle Etoile	33800
ETRANGERS	Rue des Etrangers	33300
EUGENIE	Rue Sainte Eugénie	33000
EUROPE	Place de l'Europe	33300
EXPERT	Rue Henri Expert	33300
EYSINES	Avenue Eysines Nos Pairs	33200
FAMATIMA	Rue Famatima	33200
FARINES	Rue du Chai des Farines	33000
FAURE	Avenue Félix Faure	33200
FAURES	Rue des Faures	33000
FENELON	Rue Fénelon	33000
FERBEYRE	Rue Ferbeyre	33200
FERBOS	Rue Ferbos	33800
FERRAND	Rue Capitaine Ferrand	33100
FERRERE	Rue Ferrère	33000
FERRY	Avenue Jules Ferry	33200
FIEFFE	Rue Fieffe	33800
FLAMMARION	Rue Camille Flammarion	33100
FOCH	Cours Maréchal Foch	33000
FONDAUDEGE	Rue Fondaudège	33000
FORESTIER	Impasse Forestier	33800
FORESTIER	Rue Forestier	33800
FORT	Rue Saint Fort	33000
FOURCAND	Rue Emile Fourcand	33000
FOY	Rue Foy	33000
FRANCHISE	Rue de la Franchise	33000
FRANCIN	Rue Francin	33800
FRANCOIS	Rue Saint François	33000
FRANCS	Rue des Pins Francs	33200
FRANKLIN	Rue Franklin	33000
FRERE	Rue Frère	33000
FURTADO	Rue Furtado	33800
FUSTERIE	Rue de la Fusterie	33000
GALLIEN	Rue du Palais Gallien	33000
GALLIENI	Cours Maréchal Gallieni nos impairs	33000
GALLIENI	Rue Maréchal Gallieni	33200
GAMBETTA	Place Gambetta	33000
GAMBETTA	Rue Gambetta	33000
GARE	Avenue de la Gare	33200
GAULLE	Avenue Charles de Gaulle	33200
GAUTIER	Boulevard Antoine Gautier	33000
GENES	Rue de Saint Genes	33000
GENEVIEVE	Rue Sainte Geneviève	33800
GENTIL	Rue Emile Gentil	33000
GEORGE	Boulevard George V Nos Pairs et 1 à 69	33000
GEORGES	Rue du Pas Saint Georges	33000
GERMAIN	Rue Amédée Saint Germain	33800
GINTRAC	Rue Elie Gintrac	33000
GIRONDINS	Rue des Girondins	33200
GOAVE	Rue du Petit Goave	33000
GODARD	Boulevard Godard nos pairs	33300
GODARD	Rue Godard	33200
GODARD	Rue Camille Godard	33000
GOTH	Rue Bertrand de Goth	33800
GOURGUE	Cours de Gourgue	33000
GOYA	Rue Goya	33000
GRAMMONT	Rue Grammont	33800
GRANGENEUVE	Rue Grangeneuve	33000
GRASSI	Rue de Grassi	33000
GRUET	Place Charles Gruet	33000
GUIENNE	Rue de Guienne	33000
HA	Rue du Ha	33000
HANAPPIER	Rue Hanappier	33200
HERMITAGE	Rue de l'Hermitage	33200
HOCHE	Rue Hoche	33200
HOMMES	Place des Grands Hommes	33000
HUGO	Cours Victor Hugo	33000
HUGO	Rue Victor Hugo	33200
HUGUERIE	Rue Huguerie	33000
INTENDANCE	Cours de l'Intendance	33000
JACQUET	Rue Eugène Jacquet	33000
JALLE	Rue de la Jalle	33000
JAMES	Impasse Saint James	33000
JAMES	Rue Saint James	33000
JANEAU	Rue de Janeau	33100
JARDEL	Rue Jardel	33100
JAURES	Place Jean Jaurès	33000
JEAN	Résidence Saint Jean	33800
JOHNSTON	Place Johnston	33000
JOHNSTON	Rue David Johnston	33000
JOSEPH	Rue Saint Joseph	33000
JOSEPHINE	Rue Joséphine	33300
JOUANNET	Rue Jouannet	33000
JOURDAN	Rue Marcellin Jourdan	33200
JUDAIQUE	Rue Judaïque	33000
JUDE	Rue Jude	33200
JUILLET	Cours du Trente Juillet	33000
JUIN	Cours Maréchal Juin	33000

LA POSTE

Le Livret A
Un placement intéressant
et disponible à 100 %.

La Messagerie

Document pour l'exercice 4

DIJON 154

LANDES	Allée des Landes	21000	PREFECTURE	Rue de la Préfecture	21000
LARREY	Rue de Larrey	21000	PREVOIS	Rue des Champs Prévois	21100
LAVALLE	Rue Docteur Lavalle	21000	PRUDHON	Rue Pierre Prudhon	21000
LEGROS	Rue Alphonse Legros	21000	QUANTIN	Rue Colonel Quantin	21100
LIBERATION	Place de la Libération	21000	RAINES	Rue du Faubourg Raines	21000
LIBERTE	Rue de la Liberté	21000	RAVEL	Rue Maurice Ravel	21000
LONGVIC	Rue de Longvic	21000	REAUMUR	Rue Réaumur	21100
LORRAINE	Rue de Lorraine	21000	REGGIO	Impasse de Reggio	21100
LORY	Rue Ernest Léon Lory	21000	RENAUD	Rue Jean Renaud	21000
LOTI	Rue Pierre Loti	21100	REPUBLIQUE	Place de la République	21000
LYAUTEY	Avenue Maréchal Lyautey	21100	RESISTANCE	Rue de la Résistance	21100
MAGENTA	Rue Magenta	21000	RETZ	Rue Morel Retz	21000
MANSARD	Boulevard Mansard	21100	ROCHES	Chemin des Petites Roches	21100
MARBOTTE	Avenue de Marbotte	21100	ROLLIN	Quai Nicolas Rollin	21000
MARCEAU	Rue Marceau	21100	ROLLIN	Rue Ledru Rollin	21100
MARION	Rue Professeur Marion	21100	RONDINET	Allée Emile Rondinet	21000
MARIOTTE	Rue Mariotte	21000	ROSES	Rue des Roses	21000
MARMUZOTS	Rue des Marmuzots	21000	ROTONDES	Rue des Rotondes	21000
MARNE	Boulevard de la Marne	21100	ROUGE	Rue du Chapeau Rouge	21000
METZ	Rue de Metz	21100	ROUSSEAU	Rue Jean Jacques Rousseau	21000
MICHEL	Place Saint Michel	21000	ROUSSIN	Rue Amiral Roussin	21000
MILLOTET	Rue Millotet	21000	SALENGRO	Place Roger Salengro	21000
MIRANDE	Rue de Mirande	21100	SAMBIN	Rue Sambin	21000
MONGE	Rue Monge	21000	SANGNIER	Rue Marc Sangnier	21000
MONTIGNY	Rue Montigny	21000	SAUMAISE	Rue Saumaise	21000
MONTMARTRE	Rue Montmartre	21100	SEGUIN	Rue Marc Seguin	21100
MONTRACHET	Rue Montrachet	21000	SEVIGNE	Boulevard de Sévigné	21000
MORVAN	Rue du Morvan	21000	SKOPJE	Rue Skopje	21100
MOULINS	Rue des Moulins	21000	SPULLER	Boulevard Eugène Spuller	21000
MULHOUSE	Rue de Mulhouse	21100	STALINGRAD	Avenue de Stalingrad	21000
MUSETTE	Rue Musette	21000	STAND	Avenue du Stand	21100
MUSSET	Rue Alfred de Musset	21000	STRASBOURG	Boulevard de Strasbourg	21100
NANSOUTY	Rue Général Charles de Nansouty	21100	SUISSES	Boulevard de la Fontaine des Suisses	21100
NOTRE	Rue Le Notre	21000	TALANT	Rue de Talant	21000
OR	Allée du Mont d'Or	21000	TEMERAIRE	Rue Charles Le Téméraire	21100
OR	Rue des Marcs d'Or	21000	THIERS	Boulevard Thiers	21100
OR	Rue de la Toison d'Or	21100	TIVOLI	Rue de Tivoli	21000
OUCHE	Avenue de l'Ouche	21000	TRANSVAAL	Rue du Transvaal	21000
OURSEL	Rue Charles Oursel	21000	TRAVAUX	Rue Pierre Travaux	21000
PARC	Cours du Parc	21000	TREMOUILLE	Boulevard de la Tremouille	21000
PARMENTIER	Rue Parmentier	21100	TRIMOLET	Boulevard Trimolet	21100
PASCAL	Boulevard Pascal	21100	TURGOT	Rue Turgot	21000
PASTEUR	Rue Pasteur	21000	UNIVERSITE	Boulevard de l'Université	21000
PAUL	Rue Saint Vincent de Paul	21000	VAILLANT	Rue Vaillant	21100
PEGUY	Rue Charles Péguy	21100	VALENDONS	Chemin Valendons	21000
PEJOCES	Rue des Péjoces	21100	VANNERIE	Rue Vannerie	21000
PELLETIER	Rue Charles Pelletier	21000	VERGY	Rue Alix de Vergy	21000
PERDRIX	Avenue des Champs Perdrix	21100	VERRERIE	Rue Verrerie	21000
PESSEAU	Rue Tire Pesseau	21000	VINCI	Rue Léonard de Vinci	21000
PETIT	Rue Ernest Petit	21000	VOISENET	Rue Edmond Voisenet	21000
PERRIERES	Rue des Perrières	21000	VOLNAY	Rue Volnay	21000
PIRON	Rue Piron	21000	VOLTAIRE	Boulevard Voltaire	21000
POISOT	Rue Charles Poisot	21000	YORK	Rue d'York	21000
POMPON	Boulevard François Pompon	21100	YOUGOSLAVIE	Boulevard Alexandre Premier de Yougoslavie	21000
PONCELET	Rue Jean Poncelet	21100			
PORTUGAL	Rue Isabelle de Portugal	21100			

Pratique de la Communication Commerciale en Français

Document pour l'exercice 4

461 · ROU

ROUEN

VILLE DESSERVIE
PAR DEUX BUREAUX DISTRIBUTEURS
AYANT POUR INDICATIF POSTAL :
76000   76100

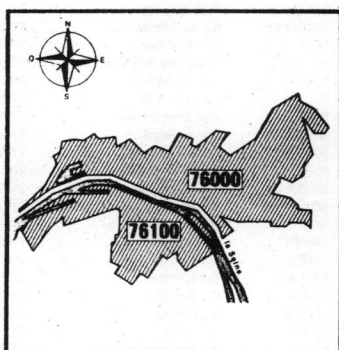

Boîtes postales ou distributions spéciales (1)
76001 à 76049 ROUEN CEDEX
76900 ROUEN CHEQUES

Préfecture	76036	ROUEN CEDEX
Trésorerie générale	76037	ROUEN CEDEX
Académie	76037	ROUEN CEDEX
Rectorat	76037	ROUEN CEDEX
Direction(s) PTT (tous services)	76035	ROUEN CEDEX
Mairie	76037	ROUEN CEDEX
Caisse primaire sécurité sociale	76039	ROUEN CEDEX
Caisse régionale assurance maladie et vieillesse	76028	ROUEN CEDEX
Allocations familiales	76005	ROUEN CEDEX
URSSAF	76040	ROUEN CEDEX
ASSEDIC	76040	ROUEN CEDEX
SNCF	76042	ROUEN CEDEX
Agence nationale pour l'emploi (rive gauche)	76013	ROUEN CEDEX
Agence nationale pour l'emploi (rive droite)	76007	ROUEN CEDEX
Cité administrative	76032	ROUEN CEDEX
Douanes	76037	ROUEN CEDEX
Police	76037	ROUEN CEDEX
Armée	76038	ROUEN CEDEX
EDF-GDF	76024	ROUEN CEDEX
Santé publique	76032	ROUEN CEDEX
Hôpitaux	76031	ROUEN CEDEX
Justice	76037	ROUEN CEDEX
Chambre de commerce	76007	ROUEN CEDEX
Gendarmerie	76038	ROUEN CEDEX
Port autonome	76037	ROUEN CEDEX
Finances	76037	ROUEN CEDEX
C.R.I.T.	76034	ROUEN CEDEX

**LISTE DES PRINCIPALES RUES
AVEC L'INDICATIF POSTAL
DE LEUR BUREAU DISTRIBUTEUR**

ABAQUESNE	Rue Masseot Abaquesne	76100
ABATTOIRS	Lieudit Les Abattoirs	76100
ABBE	Rue Bourg l'Abbé	76000
ABREUVOIR	Rue de l'Abreuvoir	76000
ACACIAS	Rue des Acacias	76100
ACCARD	Rue Accard	76000
ADAM	Petite Rue du Père Adam	76000
ADAM	Rue Edouard Adam	76000
ADAM	Rue du Père Adam	76000
ADELINE	Groupe Jules Adeline	76100
ADELINE	Rue Jules Adeline	76100
ADER	Allée Clément Ader	76000
AGASSE	Rue Agasse	76000
AIR	Rue Bel Air	76000
ALAIN	Place Alain	76000
ALBERT	Rue Albert Premier	76100
ALGER	Rue d'Alger	76000
ALGERIE	Quai d'Algérie	76100
ALLEU	Rue Franc Alleu	76000
AMAND	Place Saint Amand	76000
AMAND	Passage Saint Amand	76000
AMAND	Rue Saint Amand	76000
AMAND	Rue du Moulin Saint Amand	76000
AMBOISE	Rue Georges d'Amboise	76000

LA POSTE
**Prêts
Epargne-Logement**
Des crédits avantageux
pour votre logement.

La Messagerie

Document pour l'exercice 4

421 PARIS

Nom	Adresse	CP
GIRAUDOUX	Rue Jean Giraudoux	75116
GODARD	Rue Benjamin Godard	75116
GOETHE	Rue Goethe	75116
GREUZE	Rue Greuze	75116
GROS	Rue Gros	75016
GUERIN	Rue Pierre Guérin	75016
GUICHARD	Rue Guichard	75116
HAMELIN	Rue Hamelin	75116
HEINE	Rue Henri Heine	75016
HERRAN	Rue et villa Herran	75116
HEUZEY	Avenue Léon Heuzey	75016
HUGO	Avenue et place Victor Hugo	75116
IENA	Avenue et place d'Iéna	75116
INGRES	Avenue Ingres	75016
JANIN	Avenue et rue Jules Janin	75116
JASMIN	Cour, rue, square et villa Jasmin	75016
JOUVENET	Rue et square Jouvenet	75016
KENNEDY	Avenue du Président Kennedy	75016
KEPLER	Rue Kepler	75116
KLEBER	Avenue et impasse Kléber	75116
LABICHE	Rue Eugène Labiche	75116
LAGACHE	Rue Chardon Lagache	75016
LALO	Rue Lalo	75116
LAMARTINE	Square Lamartine	75116
LAMBALLE	Avenue de Lamballe	75016
LAMOUREUX	Rue Charles Lamoureux	75116
LANNES	Boulevard Lannes	75116
LATOUR	Rue Fantin Latour	75116
LAURISTON	Rue Lauriston	75116
LEKAIN	Rue Lekain	75016
LEOPOLD	Avenue Léopold II	75016
LEROUX	Rue Leroux	75116
LISLE	Rue et villa Leconte de Lisle	75116
LONGCHAMP	Rue et villa Longchamp	75116
LONGCHAMP	Rue du Bouquet de Longchamp	75116
LOO	Rue Van Loo	75016
LORRAIN	Rue et villa Claude Lorrain	75016
LUBECK	Rue de Lubeck	75116
LYAUTEY	Rue Lyautey	75016
LYAUTEY	Avenue du Maréchal Lyautey	75016
MAGDEBOURG	Rue Magdebourg	75116
MAGINOT	Rue du Sergent Maginot	75016
MAILLOT	Boulevard Maillot pairs 2 à 8	75116
MALAKOFF	Avenue, impasse et villa Malakoff	75016
MALLETERRE	Rue du Général Malleterre	75016
MANDEL	Avenue Georges Mandel	75116
MANUEL	Rue et villa Eugène Manuel	75116
MAQUET	Rue Auguste Maquet	75016
MARBEAU	Rue et boulevard Marbeau	75116
MARCEAU	Avenue Marceau impairs	75116
MAROIS	Rue Le Marois	75016
MARRONNIERS	Rue des Marronniers	75016
MARTIN	Avenue Henri Martin	75116
MARTIN	Rue Marietta Martin	75016
MAUNOURY	Avenue du Maréchal Maunoury	75016
MAUPASSANT	Rue Guy de Maupassant	75116
MASPERO	Rue Maspero	75116
MASSENET	Rue Massenet	75116
MENIER	Rue Emile Menier	75116
MESNIL	Rue Mesnil	75116
MIGNARD	Rue Mignard	75116
MIGNOT	Square Mignot	75116
MILLET	Rue François Millet	75016
MIRABEAU	Rue Mirabeau	75016
MOLITOR	Rue et villa Molitor	75016
MONTESPAN	Avenue Montespan	75116
MONTEVIDEO	Rue de Montevideo	75116
MONTMORENCY	Avenue, villa et boulevard de Montmorency	75016
MOZART	Avenue, square et villa Mozart	75016
MUETTE	Chaussée de la Muette	75016
MURAT	Boulevard, passage et villa Murat	75016
NEUILLY	Avenue de Neuilly	75116
NEWTON	Rue Newton	75116
NICOLO	Rue Nicolo	75116
NIOX	Rue du Général Niox	75016
NOISIEL	Rue Noisiel	75116
OLCHANSKY	Rue du Capitaine Olchansky	75016
PASCAL	Rue André Pascal	75016
PASSY	Place, port, quai et rue de Passy	75016
PASSY	Avenue du Parc de Passy	75016
PATE	Square Henry Paté	75016
PERCHAMPS	Rue des Perchamps	75016
PERGOLESE	Rue Pergolèse	75116
PEROUSE	Rue La Pérouse	75116
PERRICHONT	Avenue Perrichont	75016
PETRARQUE	Rue et square Pétrarque	75116
PICCINI	Rue Piccini	75116
PICOT	Rue Picot	75116
POINCARE	Avenue Raymond Poincaré	75116
POINCARE	Avenue du Recteur Poincaré	75016
POMEREU	Rue de Pomereu	75116
POMPE	Rue de la Pompe	75116
PONSARD	Rue François Ponsard	75016
POSSOZ	Place Possoz	75116
POUSSIN	Rue Poussin	75016
PRESBOURG	Rue Presbourg	75116
PRINCES	Avenue du Parc des Princes	75016
RAFFET	Impasse et rue Raffet	75016
RANELAGH	Rue et square Ranelagh	75016
RAPHAEL	Avenue Raphael	75016
RAYNOUARD	Rue et square Raynouard	75016
REMUSAT	Rue Remusat	75016
RIBERA	Rue Ribera	75016
RICHEPIN	Rue Jean Richepin	75116
RODIN	Avenue et place Rodin	75116
ROSAN	Rue Parent de Rosan	75016
ROUCHER	Rue Antoine Roucher	75016
ROUSSEAU	Avenue Théodore Rousseau	75016
ROUSSEL	Rue de l'Abbé Roussel	75016
SABLONS	Rue des Sablons	75116
SAND	Rue et villa George Sand	75016
SANDEAU	Boulevard Jules Sandeau	75116
SARDOU	Rue, square et villa Victorien Sardou	75016

Document pour l'exercice 4

299 LILLE

BELFORT	Boulevard de Belfort	59000
BELGE	Avenue Peuple Belge	59800
BEAUMARCHAIS	Rue Beaumarchais	59800
BENVIGNAT	Rue Benvignat	59800
BERANGER	Rue Béranger	59000
BERGER	Rue Gaston Berger	59000
BERGERIE	Allée de la Bergerie	59800
BERGOT	Rue Louis Bergot	59000
BERGUES	Rue de Bergues	59000
BERLIOZ	Rue Berlioz	59800
BERNARD	Rue Claude Bernard	59000
BERNARD	Rue Saint Bernard	59000
BERNOS	Rue Bernos	59800
BERT	Rue Paul Bert	59800
BERTHELOT	Rue Berthelot	59000
BERTHOLLET	Rue Berthollet	59800
BETHUNE	Place de Béthune	59800
BETHUNE	Rue Béthune	59800
BETHUNE	Rue Faubourg de Béthune	59000
BETTIGNIES	Place Louise de Bettignies	59800
BICHAT	Rue Bichat	59800
BLAISE	Rue Saint Blaise	59800
BIZET	Rue Georges Bizet	59000
BLANCHE	Rue Blanche	59800
BLANCS	Rue des Bois Blancs	59000
BLANQUI	Rue Blanqui	59800
BLERIOT	Impasse Blériot	59000
BLEUETS	Place aux Bleuets	59800
BLOCS	Rue Germain Pilon Blocs	59800
BLUM	Rue Léon Blum	59000
BOBILLOT	Rue Bobillot	59800
BOETIE	Rue de La Boétie	59800
BOHIN	Rue Bohin	59800
BOILEUX	Rue Boileux	59800
BOILLY	Rue Boilly	59800
BOIS	(Rue du) (et les Blocs du) Bois	59800
BOIS	Rue du Vert Bois	59800
BOITELLE	Rue Boitelle	59800
BOLDODUC	Rue Boldoduc	59800
BOLIVAR	Rue Bolivar	59800
BONE	Rue de Bone	59000
BONPAIN	Rue de l'Abbé Bonpain	59800
BONDUES	Rue Désiré Bondues	59000
BORDAT	Rue Charles Bordat	59000
BONTE	Rue Auguste Bonte	59000
BORDEAUX	Rue de Bordeaux	59000
BOREL	Rue Emile Borel	59000
BOSQUET	Rue Bosquet	59800
BOSSUET	Rue Bossuet	59800
BOSSUS	Rue des Chats Bossus	59800
BOUCHERS	Rue des Bouchers	59800
BOUCHES	Place Désiré Bouchés	59800
BOUGUEREAU	Rue Bouguereau	59800
BOULOGNE	Rue de Boulogne	59800
BOUQUET	Cour du Beau Bouquet	59800
BOURDONNAIS	Rue Général A. de la Bourdonnais	59000
BOURGET	Rue Paul Bourget	59000
BOURGOGNE	Rue de Bourgogne	59800
BOURIGNON	Rue Bourignon	59000
BOURJEMBOIS	Rue Bourjembois	59800
BOURSE	Rue de la Bourse	59800
BOUVINES	Rue de Bouvines	59800
BRAILLE	Rue Louis Braille	59800
BRANLY	Rue Edouard Branly	59800
BRASSEUR	Rue Brasseur	59000
BRETAGNE	Avenue de Bretagne	59000
BRETEUIL	Résidence Breteuil	59000
BRETON	Rue Jules Breton	59000
BRIAND	Rue Aristide Briand	59000
BRIGITTINES	Rue des Brigittines	59800
BRIGODE	Rue de Brigode	59000
BRIQUETERIE	Allée de la Briqueterie	59000
BRIQUETERIE	Chemin de la Briqueterie	59000
BROCA	Rue Broca	59000
BRUXELLES	Rue de Bruxelles	59000
BRUYERE	Rue La Bruyère	59000
BUFFON	Rue de Buffon	59000
BUISSES	Place des Buisses	59800
BUISSES	Rue des Buisses	59800
BUISSON	Résidence Buisson	59800
BUISSON	Rue du Buisson	59800
BUTIN	Avenue Butin	59000
CABANIS	Rue Cabanis	59000
CALAIS	Rue de Calais	59000
CALMETTE	Boulevard du Docteur Calmette	59800
CALVAIRE	Rue du Calvaire	59800
CALVIN	Rue de Calvin	59000
CAMBRAI	Rue de Cambrai	59800
CAMPAGNE	Rue Ma Campagne	59800
CAMUS	Rue Albert Camus	59000
CANNES	Rue de Cannes	59000
CANONNIERS	Rue des Canonniers	59800
CANROBERT	Rue Canrobert	59000
CANTELEU	Rue de Canteleu	59000
CAPUCINS	Rue des Capucins	59000
CARNOT	Boulevard Carnot	59800
CARPEAUX	Rue Carpeaux	59000
CARREL	Rue Armand Carrel	59000
CASSE	Rue Adolphe Casse	59800
CASSEL	Rue de Cassel	59000
CASSEVILLE	Cité Casseville	59000
CASSINI	Rue Cassini	59800
CASTEL	Rue de Castel	59000
CASTIGLIONE	Rue de Castiglione	59000
CATHERINE	Rue Sainte Catherine	59800
CATHERINE	Terrasse Sainte Catherine	59800
CATICHES	Rue des Catiches	59000
CATINAT	Place Catinat	59000
CAUCHY	Rue Cauchy	59000
CAULIER	Rue des Jardins Caulier	59800
CAULIER	Place Madeleine Caulier	59800
CAUMARTIN	Rue Caumartin	59000
CAVAIGNAC	Rue Godefroy Cavaignac	59000
CAVEL	Place Edith Cavel	59000

La Messagerie

Document pour l'exercice 4

263   **LE HAVRE**

BRETAGNE	Rue de Bretagne	76600	CAZAVAN	Rue Amédée Cazavan	76600
BRETON	Allée André Breton	76620	CAZAVAN	Rue Gustave Cazavan	76600
BRETONNE	Rue de la Sous Bretonne	76620	CEDRES	Rue des Cèdres	76610
BRETTEVILLE	Impasse Bretteville	76600	CENTRAL	Avenue de Mole Central	76600
BRIAND	Rue Aristide Briand	76600	CENTRALES	Marché des Halles Centrales	76600
BRICARD	Cité Bricard	76600	CENTRALES	Place des Halles Centrales	76600
BRINDEAU	Rue Gustave Brindeau	76600	CERISIERS	Rue des Cerisiers	76610
BRINDEAU	Rue Louis Brindeau	76600	CERTAIN	Passage Robert Certain	76620
BRINDES	Rue des Brindes	76600	CERVANTES	Impasse Cervantès	76600
BRINDES	Impasse des Brindes	76600	CEZANNE	Rue Paul Cézanne	76620
BRIQUETIERS	Cité des Briquetiers	76600	CHABRIER	Rue Emmanuel Chabrier	76620
BROCA	Impasse Broca	76620	CHALETS	Rue des Chalets	76610
BROSSOLETTE	Rue Pierre Brossolette	76600	CHAMPLAIN	Rue Champlain	76600
BROUARDEL	Rue du Docteur Brouardel	76620	CHAMPOLLION	Impasse Champollion	76600
BROZEC	Place Jean Le Brozec	76600	CHANDELIER	Place Henri Chandelier	76620
BRULEE	Rue de la Cote Brûlée	76620	CHANDELIER	Rue Henri Chandelier	76620
BRUNEL	Rue René Brunel	76620	CHANTIERS	Rue des Chantiers	76600
BRUNETIERE	Rue Ferdinand Brunetière	76600	CHANTILLY	Allée de Chantilly	76610
BRUNEVAL	Rue de Bruneval	76610	CHANZY	Rue du Général Chanzy	76600
BRUYERE	Rue La Bruyère	76620	CHAPELLE	Passage Chapelle	76610
BRUYERES	Rue des Bruyères	76610	CHAPELLE	Chemin de la Chapelle	76610
BUCAILLE	Impasse Bucaille	76600	CHAPPE	Chemin de la Chappe	76600
BUFFON	Rue Buffon	76600	CHAPTAL	Rue Chaptal	76600
BUNGE	Rue Claude Bunge	76600	CHARCOT	Rue Jean Charcot	76600
BUQUET	Rue Léon Buquet	76600	CHARDIN	Rue Chardin	76620
BYRON	Impasse Lord Byron	76600	CHARLEMAGNE	Rue Charlemagne	76600
CACHIN	Rue Marcel Cachin	76610	CHARMES	Rue des Charmes	76610
CAEN	Rue de Caen	76610	CHARPENTIER	Rue Gustave Charpentier	76620
CAILLARD	Place Caillard	76600	CHASSEE	Rue Robert Chassée	76610
CARLIER	Place Léon Carlier	76600	CHATAIGNIERS	Rue des Châtaigniers	76610
CALIGNY	Rue de Caligny	76600	CHATEAU	Rue du Château	76600
CALMETTE	Rue du Docteur Calmette	76620	CHATEAUBRIAND	Rue Chateaubriand	76600
CAM	Impasse Le Cam	76600	CHATEAUDUN	Rue de Châteaudun	76620
CAMBRONNE	Rue de Cambronne	76610	CHATRIAN	Rue Erckmann Chatrian	76620
CAMELIAS	Rue des Camélias	76610	CHAUSSON	Impasse Ernest Chausson	76620
CAMELINAT	Rue Camélinat	76610	CHAUSSON	Rue Ernest Chausson	76620
CAMEROUN	Quai du Cameroun	76600	CHAUVIN	Cité Chauvin	76600
CAMUS	Rue Albert Camus	76620	CHAUVIN	Place Médéric Chauvin	76600
CANADA	Avenue du Canada	76610	CHAVANNES	Rue Puvis de Chavannes	76620
CANADIENS	Rue des Canadiens	76610	CHEMINOTS	Cité des Cheminots	76600
CANU	Impasse Canu	76600	CHENAIE	Passage de la Chenaie	76620
CAPLET	Rue André Caplet	76600	CHENEL	Rue François Chenel	76600
CARANCY	Rue Château de Carancy	76600	CHENES	Rue des Chênes	76610
CARAVELLE	Immeuble Caravelle	76600	CHENIER	Rue André Chenier	76620
CARNOT	Rue Sadi Carnot	76620	CHERBOURG	Rue de Cherbourg	76610
CARPEAUX	Rue Carpeaux	76620	CHERUBINI	Rue Cherubini	76620
CARTIER	Rue Jacques Cartier	76620	CHEVALIER	Rue Chevalier	76600
CARPENTIER	Impasse Gaston Carpentier	76600	CHEVREFEUILLES	Rue des Chèvrefeuilles	76610
CARREL	Rue Armand Carrel	76620	CHEVREUL	Rue Chevreul	76620
CASEAUX	Rue Edmond Caseaux	76620	CHILLOU	Rue Chillou	76600
CASSADOUR	Rue Léon Cassadour	76620	CHOPIN	Rue Chopin	76600
CASSARD	Rue Cassard	76600	CHOUQUET	Rue Chouquet	76620
CASSINI	Rue Cassini	76600	CHRYSANTHEMES	Rue des Chrysanthèmes	76610
CATELAN	Rue du Pré Catelan	76620	CHURCHILL	Boulevard Winston Churchill	76600
CATINAT	Rue Catinat	76620	CIGALES	Allée des Cigales	76610
CAVAIGNAC	Rue du Général Cavaignac	76600	CIMETIERE	Rue du Cimetière	76620
CAYEUX	Rue Henri Cayeux	76620			

Document

COMMENT DISPOSER VOS ADRESSES

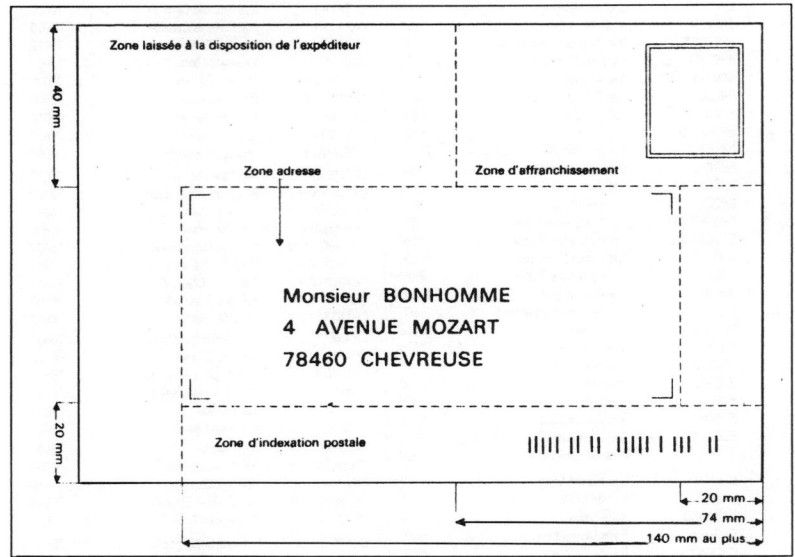

Désormais pour vos envois de 20 grammes, n'utilisez que des enveloppes normalisées : longueur égale ou supérieure à 1,4 fois la largeur, compte tenu des dimensions maximales et minimales ci-après :

Dimensions :   minimales _____ 90 mm x 140 mm*
              maximales _____ 120 mm x 235 mm

*N'utilisez plus d'enveloppes d'un format inférieur à ce minimum.

La Messagerie

Ecran 2 - La zone 5 de la lettre

Pratique de la Communication Commerciale en Français

1. ZONE 5 : L'interpellation

Exercice I : Examiner le corpus des lettres suivantes de A à J et répondre aux questions suivantes :

1 - Comment est écrite l'interpellation ?

2 - Comparer l'interpellation, la suscription et la formule de politesse.

La Messagerie

Exercice II : Examiner le tableau, le remplir à l'aide des lettres de A à J

	SITUATION	SUSCRIPTION	INTERPELLATION
I	Vous ne connaissez pas le nom du destinataire		
	A - Vous connaissez son titre	Exemple : Monsieur le Directeur B.N.L.I. Place Vaucanson 38000 GRENOBLE	Monsieur le Directeur,
	B - Vous ne connaissez pas son titre	Exemple : Club Alpin Français 32 Avenue Félix Viallet 38000 GRENOBLE	Messieurs,
II	Vous connaissez le nom du destinataire	Exemple : Monsieur Jean-Louis Dauret Machines agricoles 15, rue de l'Avenir 86000 POITIERS	Monsieur,
III	Vous connaissez le titre et le nom du destinataire	Exemple : Monsieur Girardin Chef du Personnel Lustucru S.A. B.P. 25X 38034 GRENOBLE CEDEX	Monsieur le Chef du Personnel,

PRATIQUE DE LA COMMUNICATION COMMERCIALE EN FRANÇAIS

Exercice III : Relier par une flèche la suscription et l'interpellation correspondante

| Destinataire de la lettre | Interpellation |

cf : suscription

- Madame Dupont
- Mademoiselle Martin
- Monsieur Durand
- Messieurs Dupond et Dupont
- Monsieur le Directeur
  Société ACME
- Monsieur Durand
  Directeur
  Société ACME
- Service du Personnel
- Service commercial
- Société ACME
- Direction
  Société ACME
- E.D.F. - G.D.F.
- Madame Dupond
  P.D.G.
  Société ACME
- Monsieur Durand
  P.D.G.
  Société ACME
- Madame Dupond
  Chef du service commercial
  Société ACME

Interpellations :
- Monsieur le Président,
- Monsieur,
- Madame,
- Monsieur le Directeur,
- Messieurs,
- Mademoiselle,
- Madame le Chef de service,
- Madame le Président,
- Monsieur le Chef du Personnel,
- Monsieur le Chef de service,

La Messagerie

Exercice IV : Remplir le tableau suivant

SUSCRIPTION	INTERPELLATION	JUSTIFICATION DE L'INTERPELLATION
Madame Gomez P.D.G. Waterman S.A. B.P. 30 75008 Paris Cedex		
Madame et Monsieur Martin SIT S.A. 41, cours de Verdun 38200 Vienne		
Mademoiselle Dujardin Responsable des expéditions S.P.R.A. SARL 189, Avenue Ambroise Croizat 38400 St Martin d'Hères		
Direction Ets Goubet Route de Valence Noyarey 38360 Sassenage		
Service des changes B.N.P. Place Victor Hugo 38000 Grenoble		
Monsieur Even et Monsieur Robert CHUBB Coffre-forts 15, rue Bonnel 69003 Lyon		

Imprimerie Dardelet /s.a.

22 rue rené-thomas
38000 grenoble
tél. 76.96.16.81
télex 320 009+

s.a. au capital de 1 200 000 f
r.c. grenoble 055503221 b
c.c.p. grenoble 20-46 g
reg. prod. n°540 isère
numéro d'identification:
05550322100016

Lettre A

votre réf.
notre réf. RJ/CF/
objet

Hewlett Packard
5, rue Raymond Chanas

38320 EYBENS

à l'attention de Dominique BENOIST

le 10.3.86

Monsieur,

Faisant suite à votre demande de prix (télex réf 9630 A du 3.3.86) nous vous communiquons ci-après nos meilleurs prix pour l'impression des manuels SALSA, dix langues, 50.000 exemplaires environ, consommation estimée jusqu'à mi 87.

Nous avons noté que comme l'an passé, vos ordres de fabrication ne dépasseraient pas le trimestre.

Nous en avons tenu compte et nous vous précisons que nos prix restent valables jusqu'au mois de mai 87, sauf incidents économiques graves.

Considérant que le cahier des charges reste en l'état, notre prix unitaire serait de   F H.T.

Vous trouverez ci-dessous un petit tableau explicatif des différents coûts de production, poste par poste, produit par produit, en prenant pour base notre prix de   F HT (SALSA).

films existant	plaques 15%	calage 20%	impression/papier 30%	façonnage 35 %

Par ailleurs, nous vous confirmons que la société HP représentait en C.A.   % pour l'exercice juillet 84/juin 85 et qu'il n'est plus, pour la période en cours, arrêtée à fin janvier 86, que de

Nous vous remercions d'avance de la confiance que vous voudrez bien continuer à nous témoigner,
Et vous prions de croire, Monsieur, à l'assurance de nos sentiments dévoués.

René JUILLET
Attaché commercial.

Teisseire France 15, rue Général-Rambaud 38028 Grenoble Cedex Téléphone 76.87.29.76 Télex 320701

Lettre B

N. Réf. : DC/MVE/CM/4.446
Grenoble le 4 février 1986

OBJET : HAUSSE DE TARIFS

Messieurs,

Nous vous prions de trouver, ci-joint, nos nouveaux tarifs datés du 10 février 1986.

Ces tarifs en hausse moyenne de 6 % incluent les différentes modifications de coûts subies depuis le mois d'octobre 1985, ainsi que les nouveaux produits que nous mettons en marché actuellement :

    CITRON VERT et CERISE en bidons de 75 cl
    KALIMBA chocolat en bidons de 75 cl
    ANISETTE et CITRON FORT en bouteilles verre 1 litre.

Vous bénéficiez d'un délai d'un mois pour vous approvisionner aux tarifs actuels.

Les tarifs annexés s'appliqueront <u>sur toutes les livraisons effectuées à dater du 15 mars 1986.</u>

Un nouveau tarif concernant la gamme FRA sera établi lors du lancement de nouveaux parfums FRA : en avril.

Nous vous remercions d'aviser tous vos services concernés, et
Vous prions d'agréer, Messieurs, l'expression de nos salutations distinguées.

                              Le Directeur Commercial,

                              M. VAN EECKE

P. J. : 2 tarifs.

S.A. au capital de 12 000 000 de F / R.C. Grenoble B 057 504 599 / Code APE 4109 / CNUF 09271 / C.C.P. Lyon 332-49 et Grenoble 994-60 S

impression jacques poncet

116, av. de la République
Bresson - 38320 Eybens
Tél. (76) 09.22.16
(lignes groupées)

Lettre C

HEWLETT PACKARD
5, avenue Raymond Chanas

38320 EYBENS

A l'attention de Mr. MAX LEE

V/réf. :
N/réf. :   Bresson, le   30/04/85

Monsieur,

Nous vous remercions de l'excellent accueil que vous avez réservé à Monsieur CORBO notre collaborateur.

Nous vous rappelons que notre Société se veut être un prestataire de service. Nous pouvons vous garantir un délai de 15 jours pour tout ce qui est retirage de documents existants.

Notre parc machines se décompose de la manière suivante :

- une monocouleur, format 52 X 72
- une 2 couleurs, format 65.5 X 97.5 (à retiration)
- une 4 couleurs, format 52 X 74
- une 4 couleurs, format 70 X 102 (en train de s'installer)

Nous espérons vivement pouvoir vous montrer notre sérieux dans les plus brefs délais.

Nous sommes à votre disposition pour toutes études de prix ou tous renseignements complémentaires.

- Notre deviseur Monsieur Jean-Claude FERRAND
- Notre directeur technique Monsieur Jean-Pierre PLANCHE.
se tiennent à votre entière disposition.
Nous vous souhaitons bonne réception de la présente et,

Vous prions d'agréer, Monsieur, l'expression de nos sentiments dévoués.

J. PONCET

Lettre D

MTP/GM/05.52

22 Mai 1986

Monsieur Pierre MARTINEZ
Professeur de Marketing
IUT BB Techniques de Commercialisation
Place Doyen Gosse
38000 GRENOBLE

Monsieur,

Nous avons bien reçu votre courrier qui a retenu notre meilleure attention.

Nous avons malheureusement le regret de vous informer que nous ne pouvons donner une suite favorable à votre proposition.

En effet nous reconnaissons l'intérêt que présente votre support, mais nous devons dorénavant consacrer l'essentiel de nos budgets publicitaires aux grands médias.

Nous vous renouvelons tous nos regrets et vous prions de croire, Monsieur, en l'assurance de nos sentiments les meilleurs.

Marie Thérèse PORTAFAIX
Relations publiques

Lettre E

Poste 293
M. RENAUT
COMM 2 CM

29 MAI 1986

Messieurs,

Nous avons bien reçu votre courrier du 24.05. par lequel, vous nous signalez le manquant d'une palettzede RIZ TLG kg lors de la livraison du 8.04. - bon de livraison n°913538.

Après enquête auprès de notre transporteur, celui-ci nous précise que la marchandise manquante a été relivrée le 9.04. comme vous pourrez le vérifier sur la photocopie, ci-jointe, du bon de relivraison.

Cette affaire étant régularisée, nous n'établissons donc pas d'avoir.

Vous pensant bien d'accord,

Nous vous prions d'agréer, Messieurs, nos sincères salutations.

P.J. 1

drôme carrelage

s a au capital de 315 000 F / siret 436880314 00022 code ape 5908

3, RUE LÉON GAUMONT / 26000 VALENCE / TÉL. 43 03 43 / CCP LYON 4398 02 U
TELEX 345 909

N/RÉF. GP

Lettre recommandée avec A.R.

SEEGMULLER
BP 248/R6
67006 - STRASBOURG CEDEX -

Lettre F

Valence, le 25 Novembre 1985

Messieurs,

Suite à votre livraison en date du 22 courant en provenance de La Céramique de Bischwiller - BL n° 514227 - nous vous confirmons les réserves suivantes stipulées sur le bordereau :

- reçu une palette filmée
- un rebord de Réservoir cassé dans son emballage d'origine en bon état (aucun coup sur l'emballage).

Sa valeur H.T. est de : 123,60 F.

Aussi nous vous demandons de bien vouloir nous faire parvenir l'avoir correspondant.

Dans cette attente et en vous remerciant par avance, nous vous prions d'agréer, Messieurs, nos salutations distinguées.

Le Directeur

Lettre G

COMM 2 CM

29 MAI 1986

Messieurs,

Notre service comptabilité nous signale qu'au pointage de votre compte ressort toujours une somme de 666,78 F correspondant à votre demande d'avoir n°958364 - (vous n'étiez pas d'accord sur les prix appliqués sur la facture n° 105987).

Comme nous vous l'avons déjà précisé par courrier du 1.07.85, cette facture a été établie conformément à notre tarif en vigueur au moment de cette expédition, soit notre tarif n° 1/1985 applicable sur toutes les livraison à partir du 1.01.85. Votre commande a été expédiée le 31.01.85.

Nous pensons qu'après nouveau contrôle vous serez bien d'accord avec nous afin de nous rembourser la somme déduite à tort, soit 666,78 F.

Nous vous prions d'agréer, Messieurs, nos sincères salutations.

FINAREF
SOCIÉTÉ FINANCIÈRE

> Lettre H

Dossier CX N° 00 034 843 260
                    010
Rappel 4bis

Roubaix, le 04 AVRIL 1986

Madame, Monsieur,

    Votre dossier nous a été transmis pour que nous engagions contre vous la procédure judiciaire légale.

    Par ce dernier avis, je tiens à vous redire que nous exigeons le paiement immédiat de toute votre dette, comme indiqué sur votre dernier relevé de compte.

    Sans nouvelles de votre part sous huitaine, la procédure sera irrémédiablement engagée. Notre huissier correspondant sera chargé d'exécuter le jugement de condamnation par tout moyen prévu par la loi.

    Recevez, Madame, Monsieur, mes salutations distinguées.

Le Chef du Service Contentieux

Jacques VERHEYDE

MERALPES

Lettre 1

Monsieur LESAQUE J.P.
Expert-comptable
1, rue Monge
38100 - GRENOBLE

LE HAMEAU DU MAS DE BLAIS.
Résidence :
Lot n° :

Chambéry, le

Monsieur,

    Dans le cadre de la collaboration entre notre Groupe et votre Cabinet, relative à notre opération LE HAMEAU DU MAS DE BLAIS à BRIANCON - SERRE CHEVALIER, nous vous transmettons un bulletin d'inscription souscrit par M   réservataire de l'appartement n°   , ainsi que la fiche de renseignements.

    S'agissant d'une réservation, l'abonnement à votre Cabinet est conditionnée à la signature de l'acte authentique. Notre service comptabilité ne manquera pas de vous informer de cette signature. Vous pourrez alors adresser à notre client commun la lettre convenue entre nous.

    Veuillez croire, Monsieur, à l'assurance de notre parfaite considération.

MERALPES

PJ - bulletin d'inscription,
     - fiche de renseignements.

Chambéry
215 chemin des Moulins
73000 Chambéry
Tél. (79) 33.52.54
Télex DELTAGE 320 413 F

Groupe Delta Promotion. Delta Gestion. SARL au capital de 250 000 francs. RC Chambéry B 317 822 765. SIRET 317 822 765 000 10. Code APE 7901

ADGID

ASSOCIATION
DAUPHINOISE
GUIDES
INTERPRETES
DIPLOMES

3, Place des Jacobins
38130 Echirolles
Tél. (76) 22.29.06

Lettre J

Pour Affichage en salle des Professeurs

le 28 Mars 1986

Monsieur le Doyen de l'Universit
de GRENOBLE

VU et TRANSMIS
à M.M. les Directeurs d'UER
M. le Directeur du CUEF
le 7 AVRIL 1986
Pour le Président
et par délégation
le Secrétaire Général,
B. MARTIN

pour suite éventuelle à donner
(1 ex transmis pour information à
M. le Secrétaire Général des Cercles de Stockage)

Monsieur le doyen,

    Comme nous vous l'avons déjà notifié par courrier antérieur, nous vous prions de bien vouloir faire savoir à nouveau à l'ensemble du corps enseignant, alors qu'il n'est pas habilité à faire visiter les sites classés, notamment la ville de Grenoble, (cf. arrêté du 20 Avril 1978), qu'il doit, pour ce faire, quelque soit la nationalité du groupe, passer par un guide interprète diplômé (loi du 7 Juillet 1976 ; toujours en vigueur.)

    Quelques organismes officiels comme le CROUS connaissent ces dispositions et font systématiquement appel aux guides diplômés. Cela est loin d'être encore le cas pour l'ensemble du corps enseignant. Nous vous demandons, en tant que responsable légal de l'Université de Grenoble de veiller à la bonne exécution de la loi auprès des fonctionnaires sous vôtre autorité en leur rappelant que le décret du 13 Octobre 1983 prévoit des peines d'amendes de la classe 5 et 3 pour tout contrevenant.

    Avec nos remerciements, nous vous prions d'agréer, Monsieur le Doyen, nos respectueuses salutations.

Pour la Présidente

Banque Populaire de la Région Dauphinoise — *Plus et mieux pour vous et notre région*

Pratique de la Communication Commerciale en Français

2. ZONE 5 : La formule de politesse

I - Examiner le corpus des lettres de A à J et répondre aux questions suivantes :

1. Où est située la formule ?
___

2. Que rappelle-t-elle ?
___

3. Relever les formules de politesse dans les lettres A à J et dégager un classement du moins au plus respectueux.

Moins
↓
Plus

II - Reclasser du moins au plus respectueux la liste des formules suivantes :

1. Veuillez croire, M ...., en l'expression de nos sentiments distingués.

2. Nous vous prions d'agréer, M ...., l'expression de nos meilleures salutations.

3. Recevez, M ...., nos salutations distinguées.
   Agréez, M ...., nos salutations distinguées.

4. Veuillez croire, M ...., en l'expression de nos sentiments respectueux.

5. Veuillez agréer, M .... , l'expression de nos salutations distinguées.
   Veuillez agréer, M ...., l'expression de nos salutations les plus distinguées.

La Messagerie

6. Nous vous présentons, M ...., nos salutations distinguées.

7. Veuillez agréer, M ...., nos salutations les plus distinguées.

8. Veuillez agréer, M ...., l'expression de nos salutations respectueuses.

   Veuillez agréer, M ...., nos respectueuses salutations.

9. Nous vous présentons, M ...., nos salutations empressées.

Moins │ │ │ │ │ │ │ │ │ Plus

III - Retrouver le bon destinataire dans la liste proposée

A. Nous vous remercions de la confiance dont vous avez bien voulu nous honorer en l'occurrence et vous présentons, Monsieur, nos salutations distinguées.

B. Recevez, Monsieur, nos salutations distinguées.
Recevez, Monsieur, nos salutations. (cas grave).

C. Nous vous présentons, Monsieur, nos salutations empressées.
Veuillez croire, Monsieur, à l'expression de nos salutations distinguées.
Veuillez croire, Monsieur, à l'expression de nos sentiments distingués.

D. Nous vous présentons, Monsieur, nos salutations distinguées.

E. Veuillez croire, Monsieur, à l'expression de nos sentiments respectueux.

F. Veuillez agréer, Madame, l'expression de nos salutations les plus distinguées.
Veuillez agréer, Madame, nos respectueuses salutations.
Veuillez agréer, Madame, nos salutations respectueuses.

G. Je vous remercie d'avance de votre réponse et vous présente, M............, l'expression de mes sentiments dévoués.

H. Nous vous prions d'agréer, M............, avec nos remerciements anticipés, l'assurance de nos sentiments très distingués.

I. Veuillez croire, Cher Monsieur, à nos sentiments les meilleurs.

J. Veuillez agréer, M............, nos salutations les plus distinguées.
Veuillez agréer, M............, nos salutations très distinguées.

K. Veuillez agréer, Monsieur le Chef de service, nos salutations distinguées.

L. Agréez, Cher Monsieur, mes salutations les plus cordiales.

M. Veuillez agréer, M............, avec toutes nos excuses, nos salutations distinguées.

N. Je vous prie d'agréer, M............, l'expression de mes salutations distinguées.

O. Nous vous prions, d'agréer, M............, l'expression de nos meilleures salutations.

La Messagerie

1. Une personne à qui on demande un service
2. Une cliente
3. Un Chef de service
4. Un fournisseur
5. Un client potentiel
6. Une relation d'affaires
7. Un supérieur hiérarchique
8. Un client après un retard important de paiement
9. Après une erreur
10. Un client avec qui on entretient des relations cordiales
11. Une personne à qui on demande des renseignements
12. Un très bon client
13. Un employeur potentiel
14. Un client
15. Un client après une grosse commande

3. ZONE 5 : La formule d'attaque

A. EXERCICES

I - Examiner les lettres de A à J et les classer en 2 catégories selon la formule d'attaque.

1) Réponse à une lettre sur un sujet précis	2) Lettre sur un sujet précis

II - Compléter le tableau suivant :

LES BUTS	N° DES LETTRES	FORMULES D'ATTAQUE
• Rappel de ce qui motive la lettre et accusé de réception		
• 2e lettre et rappel d'un courrier précédent resté sans réponse		
• Lettre de contact. La formule d'attaque introduit l'objet de la lettre		

La Messagerie

III - Trouver les formules d'attaque qui correspondent à la situation donnée.

1 - Nous vous adressons nos vifs remerciements…
2 - Nous sommes au regret d'attirer votre attention…
3 - Nous avons la joie de vous annoncer…
4 - Nous vous serons très obligés de nous adresser…
5 - Nous regrettons de ne pouvoir…
6 - Je vous prie de bien vouloir excuser mon absence…
7 - Nous avons bien reçu votre lettre du…
8 - Nous vous prions de bien vouloir nous adresser…
9 - Nous avons eu la surprise de constater que…
10 - Nous vous accusons réception de…
11 - Nous avons l'honneur de porter à votre connaissance…
12 - En réponse à votre lettre du……………, nous vous adressons…
13 - Nous avons été sensibles à votre aimable attention…
14 - Nous avons le regret de vous informer que…
15 - Je vous prie de bien vouloir m'excuser de ne pouvoir…
16 - Nous avons l'honneur de vous faire parvenir…
17 - Nous avons l'honneur de solliciter votre bienveillance…
18 - Nous avons le regret d'attirer votre attention sur…
19 - Nous vous serions reconnaissants de bien vouloir nous adresser…
20 - A la suite de notre conversation téléphonique du……………, nous vous adressons…
21 - Nous avons l'honneur d'attirer votre attention sur…
22 - Nous avons le plaisir de vous faire connaître…
23 - Nous avons l'honneur d'appeler votre attention sur…
24 - Nous avons l'honneur de soumettre à votre bienveillant examen…

LES BUTS	N° DES FORMULES
• Pour un simple accusé de réception	
• Pour l'envoi d'un document	
• Pour une information	
• Pour une demande	
• Pour une réclamation	
• Pour une réponse à une demande ou à une réclamation	
• Pour des excuses	
• Pour des remerciements	

Pratique de la Communication Commerciale en Français

IV - Trouver des formules d'attaque pour les situations suivantes :

SITUATION	EXPEDITEUR DE LA LETTRE	DESTINATAIRE	OBJET DE LA LETTRE	
1	Service Commercial	Entreprise Dubois	Accusé de réception d'une commande de 3 ordinateurs réf. 19-52	
2	Service Commercial	Ets Barbe	Accusé de réception d'une commande de meubles de bureau réf. 038 avec avis de délai de livraison	
3	Service Commercial	Ets Still	Commande d'un chariot élévateur modèle 86 n° 135	
4	Service Commercial	Ets Porte	Rappel d'une commande d'une enseigne lumineuse réf. 21-12 et d'une signalisation de parking réf. 528	
5	Ski Rossignol	Service Commercial Ets Jamet SA	Envoi d'une facture pour la commande de 500 paires de skis modèle Tyrolia 45	
6	Ets Jamet	Ski Rossignol	Livraison non conforme	
7	Ets Darty	Concessionnaire Yakasony	Réclamation pour erreur de facturation	
8	Ets Fauchet	Société P.I.C.S.O.U.	Demande de délai de paiement	
9	Ets Friquet	Compagnie Sansoux	1er rappel de règlement	
10	Ets Friquet	Compagnie Sansoux	3ème rappel de règlement	
11	Société Atout	Ets Narien	Envoi du catalogue 1996	
12	Directeur de la Société Braun SA	Directeur des Ets Moulinex	Lettre de remerciements après une journée portes ouvertes destinée aux cadres	
13	Le PDG de Teisseire SA	Chambre Internationale de commerce de Paris	Lettre d'excuse pour non participation aux conférences	
14	Cabinet d'architectes de l'ARC	Ets Saint-Maclou	Demande d'envoi d'échantillons de moquettes murales	

B. LES OBJECTIFS DE LA FORMULE D'ATTAQUE

Elle peut avoir 3 buts différents :

1 - ELLE SERT À RAPPELER CE QUI MOTIVE LA LETTRE.

Cela peut être :
- une offre de vente
- une commande
- une demande de renseignement
- une demande de délai de paiement
- une lettre signalant une erreur de facturation

Dans ce cas, la formule d'attaque rappelle un courrier précédent (lettre envoyée par l'entreprise qui est aujourd'hui destinataire) ; elle résume l'objet de cette lettre précédente.

Elle sert d'accusé de réception de la lettre (et de son objet)

2 - ELLE SERT À RAPPELER UN COURRIER PRÉCÉDENT ENVOYÉ PAR L'ENTREPRISE ET RESTÉ SANS RÉPONSE.

Cela peut être :
- une demande de renseignement
- un rappel de règlement
...

3 - QUAND, AUPARAVANT, IL N'Y A PAS EU ÉCHANGE DE COURRIER ENTRE LES DEUX ENTREPRISES SUR CE MÊME SUJET, LA FORMULE D'ATTAQUE SERT À INTRODUIRE L'OBJET DE LA LETTRE.

Exemple : L'entreprise a décidé de moderniser son installation...
   objet : commande de matériel informatique.

Dans ce cas, la formule d'attaque donne le motif de la lettre

Cela peut être :
- un envoi de catalogue
...

C. FORMULES D'ATTAQUES PARTICULIÈRES

Avis de retard de livraison
- Nous avons le regret de ne pouvoir vous livrer à la date prévue, →
- Nous regrettons de devoir différer au... la livraison de..., →
- Des difficultés techniques ayant provoqué des retards de livraison du fabricant, nous ne disposons pas actuellement de..., →

Réclamation pour un retard de livraison important
- Nous vous demandons de procéder d'urgence à la livraison des articles commandés. →
- Nous vous prions de faire le nécessaire pour assurer la livraison immédiate des articles commandés. →
- Veuillez effectuer immédiatement la livraison des articles commandés. →

Passation de commande
- Nous vous prions de nous livrer... →
- Veuillez nous expédier les marchandises suivantes... →
- Nous vous prions de prendre note de la commande suivante... →
- Veuillez nous livrer, aux conditions habituelles,... →

Commande sous condition
- Nous serions disposés à vous passer commande des articles dont vous voudrez bien trouver le détail sur le bon de commande ci-joint. →
- Nous envisageons de vous confier la commande des articles énumérés sur le bon de commande ci-joint. →

Erreur de facturation
- Lors de la vérification, nous avons constaté l'erreur suivante :... →
- La vérification m'a permis de déceler une erreur dans la facturation correspondant à la commande n°... →

Relations avec les transporteurs : avaries
- Le... nous vous avons remis... que vous avez livré (es) à..., le... →
- Nous vous rappelons que le... vos services ont assuré le transport de... depuis... jusqu'à... →

Demande d'un délai de paiement
- Nous avons le regret de vous informer qu'il ne sera pas possible d'assurer le règlement de la traite émise au... en règlement de votre facture n°... →
- Nous regrettons vivement d'avoir à vous informer que nous ne pouvons faire face au paiement de votre lettre de change au..., émise en règlement de votre facture n°... →

N.B. : La flèche horizontale (→) indique que cette formule est tout de suite suivie par le corps de la lettre qui expose et donne des détails.

La Messagerie

Ecran 3 - Le corps de la lettre

1. Les paragraphes standards

(Comment est organisée la Zone 3 de la Zone 5)

NB : **Les paragraphes standards** *doivent permettre de réaliser toutes les lettres du même type, chacune étant parfaitement adaptée au correspondant :*

- *Un paragraphe doit être rédigé pour* **chaque point** *particulier ; l'insertion des mentions variables doit être prévue.*
- *Lorsqu'ils sont assemblés, les paragraphes doivent constituer une lettre bien construite et agréable à lire.*
- *On a intérêt à concevoir les paragraphes standards relatifs à une même partie suivant la même forme grammaticale.*

Ces paragraphes suivent directement la formule d'attaque.

Exercice : Compléter les phrases à l'aide des mots donnés.

A1 - Avis de retard de livraison

1 - Développement

a) ..., en effet, notre stock est actuellement _____ en raison du _____ de cet article auprès de notre clientèle ; nous _____ procéder à l'expédition _____ ...

b) , _____, le fabricant s'est trouvé dans l'obligation d'allonger ses propres _____ de livraison en raison d' _____ de commandes.

c) Notre stock _____ normalement _____ le... et nous pourrons, _____ cette date, _____ l'expédition des articles commandés.

Liste des mots : serons en mesure de - reconstitué - épuisé - le - à partir de - délais - effectuer - un afflux considérable - en effet - sera - succès.

2 - Conclusion

a) Nous vous serions reconnaissants de bien vouloir nous notifier votre _____ _____ pour _____ de date de livraison. - - - →

b) Nous vous prions de nous _____ votre commande le plus rapidement possible. - - - →

Liste des mots : confirmer - accord - au plus tôt - ce report

---

NB : La flèche horizontale (- - - →) indique que la phrase est immédiatement suivie par la formule de politesse.

A2 - Réclamation pour un retard de livraison

1

a) Dans le cas où les marchandises ne nous _____ pas _____ les 48 heures, nous nous _____ demander _____ de notre commande. (Et le versement d'indemnités _____ du préjudice subi).

b) Si les articles ne nous sont pas parvenus _____ trois jours, nous _____ _____ refuser la livraison et nous vous rendrons responsables du _____ _____.

c) _____ retard supplémentaire nous _____ refuser de prendre livraison.

Liste des mots : d'ici - tout - verrons obligés de - dans - préjudice subi - pour réparation - contraindrait à - l'annulation - serons dans l'obligation de - parviendraient.

Formulation de réserves officielles

d) _____ les marchandises ne nous parviendraient pas _____ 48 heures, nous _____ exiger le versement des dommages et _____ pour compenser le préjudice subi du fait du retard ; un délai plus important nous _____, en outre, à refuser la livraison.

e) Nous faisons _____ quant au préjudice que nous causerait un retard de livraison supplémentaire. Nous nous verrions alors dans l'obligation de vous demander _____ pour couvrir le préjudice subi et, en plus, de refuser de prendre livraison si les marchandises nous étaient délivrées _____.

f) Nous tenons à vous préciser qu'au cas où les marchandises ne nous parviendraient pas dans le délai _____, nous vous _____ des difficultés rencontrées dans l'organisation de nos ventes, de plus, si la livraison était effectuée trop tardivement, nous _____ la refuser.

Liste des mots : trop tardivement - toutes réserves - autoriserait - convenu - dans le cas où - une indemnisation - serions dans l'obligation de - intérêts - rendrions responsables - sous - serions amenés à.

2

a) Nous espérons que, dans notre intérêt commun, vous _____ la livraison dans _____ ---→

b) Nous comptons sur une livraison _____ ---→

c) Nous espérons que, pour éviter toute difficulté, vous _____ pour effectuer la livraison _____ ---→

Liste des mots : ferez le nécessaire - les plus brefs délais - assurerez - à temps - immédiate.

A3 Relations avec les transporteurs : avaries *(1, 2, 3, 4 sont obligatoires)*

1- Rappel d'un contrôle de l'avarie

a) Le _____ effectué à la réception a permis de _____ que...

b) L'employé chargé de _____ a constaté que...

c) _____ la réception, nos employés ont constaté, _____ livreur, que...

2 - Rappel des réserves faites lors de la livraison

a) Nous vous confirmons _____ par le magasinier sur la feuille d'émargement.

b) Nous vous _____ les réserves formulées sur la feuille d'émargement _____ des marchandises reçues.

3 - Demande de dommages

a) Votre responsabilité _____, nous vous prions de nous faire parvenir, _____ dommages et intérêts, la somme de... correspondant à...

b) Les _____ s'étant produites _____ le transport, vous voudrez bien nous verser, pour réparation du dommage subi _____...

c) Nous vous _____ responsables de ces avaries et vous prions de réparer le préjudice subi en nous _____ la somme de...

4 - Conclusion (menace)

a) Nous comptons sur un règlement _____ et nous vous en remercions. --- →

b) Nous _____ votre accord et attendons votre _____. --- →

c) Nous espérons que pareil _____ ne se produira plus. --- →

Liste des mots : étant engagée - versant - les réserves faites - constater - remboursement - avaries - lors de - confirmons - comptons sur - pendant - contrôle - quant à l'état - la somme de - tenons pour - rapide - la réception - incident - en présence du - à titre de

La Messagerie

B1 - Demande d'un délai de paiement

1 - Exposé du problème

a) _____ une panne importante sur une des chaînes de fabrication, le niveau de notre production et donc de nos ventes a nettement diminué, ce qui a eu _____ immédiates _____ notre trésorerie.

b) La concurrence active qui se manifeste dans notre secteur d'activité a eu, au cours de ces derniers mois, _____ sensibles sur le niveau de nos ventes, bouleversant ainsi _____ de _____.

c) Notre banque vient de nous informer de la défaillance d'un de nos plus importants clients ; de ce fait, _____ sur laquelle nous comptions pour _____ l'échéance de fin de mois nous fait défaut.

Liste des mots : nos prévisions - faire face à - sur - des répercussions - en raison d' - trésorerie - la provision - des conséquences.

2 - Demande effective du délai

a) Vous nous _____ en acceptant exceptionnellement de proroger d' _____ l'effet au...

b) Nous vous serions très reconnaissants de bien vouloir _____ la lettre de change au... et d'en _____ une nouvelle au..., tous frais et intérêts de retard _____.

c) Nous nous permettons de _____, exceptionnellement, un report d' _____ de cet effet au...

d) Nous vous prions de nous _____, exceptionnellement, _____ 60 jours pour votre facture n°...

Liste de mots : à notre charge - accorder - obligeriez - annuler - échéance - créer - un mois - un délai de - solliciter.

3 - Remerciements

a) Par avance, nous vous remercions de _____ avec laquelle vous _____ notre demande. - - - →

b) Nous espérons que la régularité de nos règlements antérieurs vous permettra de _____ notre demande et nous vous en remercions. - - - →

c) En raison de l'ancienneté de nos relations, nous _____ votre bienveillante _____ et vous en remercions. - - - →

Liste de mots : répondre favorablement à - compréhension - la bienveillance - comptons sur - examinerez.

B2 - Erreur de facturation

a) Nous vous retournons ci-joint la facture _____ pour que vous puissiez effectuer _____. ---→

b) Veuillez nous adresser une _____ facture _____ la facture erronée ci-jointe. ---→

c) Pour éviter toute complication, nous réglons la facture au moyen du chèque n°... _____ d'un montant de... et nous vous demandons de nous adresser _____ d'un montant de... ---→

Liste des mots : nouvelle - une facture d'avoir - les rectifications nécessaires - ci-joint - erronée - en remplacement de.

B3 - Formules de mise en demeure de payer

1er rappel

Nous vous demandons donc de nous faire parvenir _____ la somme de... restant due, étant certains qu'il s'agit d'_____ de votre part. ---→

2e rappel

En conséquence, nous vous _____ nous verser la somme de.... Passé ce délai, votre dossier sera mis à l'agence de recouvrement. (à notre service contentieux). ---→

3e rappel

Nous vous mettons donc en demeure de régler la somme de... sinon nous serons dans l'obligation d'entamer _____ de recouvrement. ---→

Liste des mots : la procédure - dans les 48 heures - le plus tôt possible - mettons en demeure de - par retour - un simple oubli.

La Messagerie

C1 - Passation d'une commande

a) _____ vous nous le proposez dans votre lettre du...,
cette commande devra être effectuée _____ suivantes. --- →

b) Nous nous permettrons d'insister sur l'importance que nous attachons _____ _____ la date de livraison. --- →

Liste des mots : aux conditions - au respect de - comme.

C2 - Commande sous condition

1 - On donne la condition

a) Veuillez procéder à l'expédition que _____ :
- nous _____ un délai de paiement de ... au lieu de...

ou • nous _____ les marchandises _____ un délai de...

ou • nous accorder _____ de...

b) Veuillez prendre note de cette commande _____ votre accord concernant :
- un délai de paiement de...

ou • un délai de livraison de...

ou • une remise exceptionnelle de...

2 - Explication de la condition

a) Nous craignons, en raison de quelques difficultés passagères de trésorerie, de _____ effectuer le règlement à la date prévue.

b) _____ ventes supérieures à nos prévisions, nous sommes actuellement en rupture de stock.

3 - Remerciements

a) Nous espérons qu'en raison de l'ancienneté de nos relations, vous pourrez nous faire _____ et nous vous en remercions. --- →

b) Nous souhaitons qu'il vous soit possible de _____ à notre demande compte tenu de la régularité de nos relations. --- →

c) Nous vous remercions de _____ que vous voudrez bien réserver à notre demande eu égard à l'ancienneté de nos relations. --- →

Liste des mots : bénéficier de cette faveur - s'il vous est possible de - ne pas être en mesure d' - l'accueil favorable - sous réserve de - en raison de - accorder - dans - une réduction - répondre favorablement - livrer.

2. Situations

Après avoir lu avec attention l'objet de la lettre, la formule d'attaque et la formule de politesse, écrire le corps de la lettre en utilisant les paragraphes standards étudiés précédemment.

SITUATION 1

Objet : V/commande du 18.06.89

Monsieur le Chef de service,

Nous avons le regret de ne pouvoir vous livrer à la date prévue, _____

_____

_____

_____

_____

_____

Nous vous remercions d'avance de votre réponse et vous présentons, Monsieur le Chef de service, l'expression de nos sentiments dévoués.

SITUATION 2

Objet : N/commande du 12.07.89

Monsieur le Chef de service,

J'ai le regret d'attirer votre attention sur le retard de livraison de 3 semaines apporté à la livraison des produits commandés le 12 juillet 1989.

_____

_____

_____

_____

_____

Recevez, Monsieur le Chef de service, nos salutations distinguées.

La Messagerie

SITUATION 3

Objet : V/facture du 08.06.89

Monsieur le Chef de service,

Lors de la vérification nous avons constaté l'erreur suivante : les 3 ordinateurs réf. 1918 au prix unitaire de 51 820 francs T.T.C. nous ont été facturés au prix de 58 120 francs T.T.C.

_____
_____
_____
_____
_____

Nous vous prions d'agréer, Monsieur le Chef de service, l'expression de nos meilleures salutations.

SITUATION 4

Objet : V/livraison du 01/04/89

Monsieur,

J'ai le regret de vous informer que je conteste votre livraison du 1er avril 1989.

_____
_____
_____
_____
_____
_____
_____
_____
_____

Veuillez croire, Monsieur, en l'expression de nos salutations les plus distinguées.

PRATIQUE DE LA COMMUNICATION COMMERCIALE EN FRANÇAIS

SITUATION 5

Objet : commande

Monsieur,

Nous vous prions de prendre note de la commande suivante :
- feux d'artifice, réf. 1922, nombre : 100 prix, unitaire : 250 francs T.T.C.

_____
_____
_____
_____

Veuillez croire, Monsieur, en l'expression de nos salutations les plus distinguées.

SITUATION 6

Objet : commande

Monsieur,

Nous serions disposés à vous passer commande des articles dont vous voudrez bien trouver le détail sur le bon de commande ci-joint.

Veuillez ne procéder à l'expédition que s'il est possible de _____
_____
_____
_____
_____
_____
_____
_____
_____
_____

Nous vous remercions d'avance de votre réponse et vous présentons, Monsieur, l'expression de nos salutations distinguées.

La Messagerie

SITUATION 7

Objet : V/facture du 15.03.89

Monsieur le Chef de service,

Nous avons le regret de vous informer qu'il ne nous sera pas possible d'assurer le règlement de la traite émise au 30 avril 1989 en règlement de votre facture n° 3623.

_____

Nous vous prions d'agréer, Monsieur le Chef de service, l'expression de nos meilleures salutations.

SITUATION 8

Objet : N/facture du 07.03.89

Monsieur,

Malgré nos deux rappels successifs, votre règlement ne nous est toujours pas parvenu.

_____

Recevez, Monsieur, nos salutations.

3. Lettres lacunaires

Compléter les lettres suivantes en vous aidant des 2 tableaux :
- indicateurs temporels
- conditionnel - condition et hypothèse

LETTRE 1

Messieurs,

Nous vous prions de bien vouloir nous faire parvenir .... un devis de 5 chariots.

.... nous accepterions votre offre nous .... une réalisation pour .... 17 juillet 1989.

En vous remerciant, nous vous prions d'agréer, Messieurs, nos sincères salutations.

Liste de mots : souhaiterions - dans les meilleurs délais - le - au cas où

LETTRE 2

Objet : demande de réservation

Monsieur le Directeur,

Nous vous confirmons notre intention de passer 4 semaines à Grenoble .... 1er juillet.............. 28 juillet 1989.

.... avoir l'amabilité de nous réserver 6 chambres .... cette période.

Nous .... avoir votre confirmation............................

En vous remerciant ...., nous vous prions d'agréer, Monsieur le Directeur, nos salutations distinguées.

Liste de mots : à l'avance - pour - du - au - aimerions - au plus tôt - pourriez-vous

La Messagerie

LETTRE 3

Objet : V/facture du 1er juin 1989

Monsieur,

Malgré notre rappel .... 20 juin 1989, nous n'avons toujours pas reçu .... votre règlement. .... il ne nous parvenait pas, ... dans l'obligation de transmettre votre dossier au service contentieux.

Veuillez agréer, Monsieur, nos salutations.

Liste de mots : par retour - s' - nous nous verrions - à ce jour - du.

LETTRE 4

Objet : N/commande du 15 avril 1989

Madame,

Nous avons commandé .... 15 avril 1989 1 500 paires de chaussettes modèle tennis.

Votre livraison .... nous parvenir le 23 avril 1989.

Nous vous demandons de nous livrer .... 3 jours, ... supplémentaire nous .... à annuler notre commande, et nous .... à vous demander des dommages et intérêts.

Veuillez agréer, Madame, nos salutations distinguées.

Liste de mots : aurait dû - tout retard - contraindrait - le - autoriserait - dans les

INDICATEURS TEMPORELS

	MOMENT PRÉCIS		ESPACE DE TEMPS INDÉTERMINÉ	
	Expression objective du temps	**Expression appréciative du temps**	**Expression objective du temps**	**Expression appréciative du temps**

Passé	• le + date (le 25 avril 1989)
	
	• du + date (du 25 mars 1989)
	
	• à la réception de...
	
	• Lors de : la réception
	             la commande
	             la livraison
	             notre entretien
	
	• à la date prévue
	
	• l'effet au 5 avril 1989
	(rappel de paiement)
		• à temps	• dans le délai convenu
			
			• un retard de livraison de paiement
			
			• pendant (le transport)
			
			• au cours de : ces derniers mois
			                   l'année écoulée
			                   l'exercice 1990
				• trop tardivement

Présent	• le + date (le 24 mars 1989) • actuellement	• livraison immédiate • paiement immédiat (valeur impérative de mise en demeure)		

Futur	• le + date
	
	• à partir du + date
	
	• à réception
	
	• au respect de la date de livraison
	
	• un délai de paiement de
	(60 jours) au lieu de (30 jours)
	
	• à la date prévue
	
	• un délai de...
	  + 1 mois / 30 jours
	  60 jours / 90 jours
	
	• à l'échéance de fin de mois
	
	• à échéance
	
	• l'effet au + date
	
	• un report d'échéance de :
	  30 jours
	  60 jours
	  90 jours
	
	• passé ce délai
	
	• par retour
		• à temps
		(valeur impérative)
			• à partir de : la reconstitution,
			               la mise en service de
			               notre ordinateur
			
			• un report de livraison
			
			• dans les 48 heures
			
			• d'ici 3 jours / 8 j. / 15 j. /
			3 mois...
			
			• sous 48 heures
			
			• dans le délai convenu
			
			• tout retard supplémentaire
			
			• un retard de livraison / paiement
			
			• pendant les vacances / les travaux,
			les heures de bureau
			
			• dans un délai de 30 jours
			au lieu de 15 jours
			(livraison uniquement)
				• au plus tôt
				
				• le plus rapidement possible
				
				• pour la suite
				(mise en demeure)
				
				• trop tardivement
				
				• dans les plus brefs délais
				
				• rapide (valeur impérative, livraison et règlement)
				
				• le plus tôt possible

LE CONDITIONNEL - LA CONDITION ET L'HYPOTHÈSE

LE CONDITIONNEL EMPLOYÉ DANS UNE PHRASE SIMPLE

Le seul verbe conjugué est au conditionnel. Il peut exprimer :

1) Politesse

ex : - *Nous vous serions reconnaissants de nous accorder un délai de paiement.*
- *Vous nous obligeriez en acceptant un délai de paiement.*

2) Atténuation d'une demande, d'un ordre

ex : - *Voudriez-vous avoir l'obligeance*
Pourriez-vous avoir l'amabilité → *de nous répondre rapidement.*

- *Nous désirerions*
aimerions → *vous rencontrer le plus tôt possible au sujet de votre prêt.*

- *Pour obtenir des renseignements plus détaillés, il faudrait rencontrer M. Truc le 15 mai.*

3) Eventualité

ex : - *Tout retard supplémentaire nous contraindrait à annuler notre commande.*
- *Un délai plus important nous autoriserait à vous demander des dommages et intérêts.*

LA CONDITION ET L'HYPOTHÈSE SONT EXPRIMÉES DANS UNE PHRASE COMPLEXE PAR :

1) Une conjonction + conditionnel

- dans le cas où
- au cas où
- pour le cas où
- dans l'hypothèse où

} + conditionnel

ex : *Dans le cas où les marchandises ne parviendraient pas dans les délais convenus, nous serions obligés d'annuler notre commande.*

2) Une conjonction + subjonctif

- à condition que
- à moins que
- pourvu que
- soit que ..... soit que

} + subjonctif

ex : Vous bénéficierez d'une ristourne de 5 % à condition que votre commande nous parvienne avant le 30 juin.

3) Préposition + infinitif

(les 2 verbes doivent avoir le même sujet)
- sous réserve de
- à moins de
- à condition de

} + infinitif

ex : Vous bénéficierez d'une ristourne de 5 % à condition de nous adresser votre commande avant le 30 juin.

4) Si + indicatif

a - Si + imparfait → conditionnel présent
(menace atténuée qui laisse au destinataire la possibilité de réaliser la condition)

ex : Si votre règlement ne nous parvenait pas dans les délais, nous nous verrions dans l'obligation de transmettre votre dossier à notre service contentieux.

b - Si + présent → futur
(menace et ordre de réaliser la condition)

ex : Si les articles ne nous parviennent pas sous 48 h, nous serons dans l'obligation de vous réclamer des dommages et intérêts.

La Messagerie

Ecran 4 - Rédaction de lettres

Exercice : Répondre aux lettres suivantes en fonction des annotations.

Lettre n° 1 : Répondre sur une feuille à en-tête COPA - FRANCE

Lettre n° 2 : Répondre sur une feuille blanche

Lettre n° 3 : Répondre sur une feuille à en-tête COPA - FRANCE

Lettre n° 4 : Répondre sur une feuille à en-tête RAVI

Réseau d'Achat et de Vente International

sté /r.a.v.i

BP 206 — 75 001 PARIS-CEDEX
Siège social : 81 rue de Rivoli 75 001 Paris — 37 55 07 24

Ets COPA-FRANCE
B.P. 06 X
38020 GRENOBLE CEDEX

Vos Réf. :
Nos Réf. :
Objet : commande n° 13

Paris, le 18 juillet 1986

P.J ann. :

Monsieur,

Veuillez nous expédier aux conditions habituelles trois micro-processeurs type Y 10 à 5 200 francs.

Nous nous permettons d'insister pour que le délai de livraison de 10 jours soit strictement respecté.

En vous remerciant d'avance, nous vous prions d'agréer, Monsieur, nos salutations distinguées.

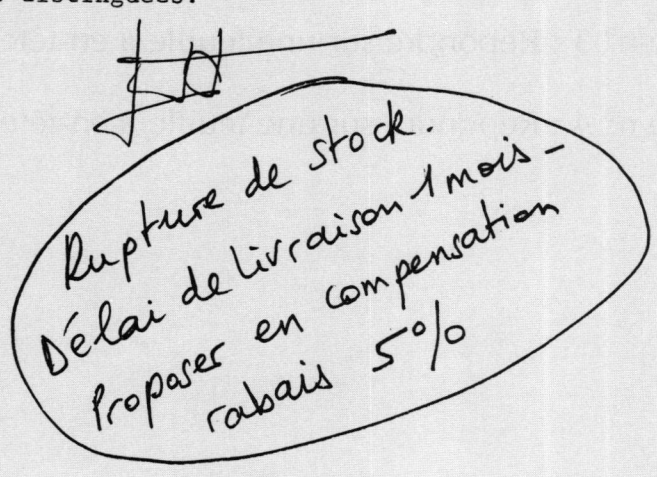

Rupture de stock.
Délai de livraison 1 mois —
Proposer en compensation
rabais 5%

S.A.R.L. au capital de 9 000 000 F / R.C.S. Paris C 623 452 373 /
CCP Paris 8 952 44 P / TELEX 941 116 / SIRET 894 498 776 80 384

ETS. COPA - FRANCE

Z.I. DES QUATRE-SEIGNEURS
BP 06 X
38020 GRENOBLE-CEDEX

Tél : 76 59 15 33

Vos Réf. :
Nos Réf. :
Objet :
P.J ann. : **Grenoble, le** . . . .

S.A. au capital de 4 000 000 F / R.C.S. Grenoble B 432 874 521. / C.C.P. Grenoble 4 521 93 G
TELEX : 254 606 / SIRET : 814 549 234 62 195.

CONFIRMATION DE COMMANDE

CERABATI

COMPAGNIE GÉNÉRALE DE LA CÉRAMIQUE DU BATIMENT
Société anonyme au capital de 31.192.700 Francs
Siège social : 25, rue Jean-Goujon 75008 Paris
552080871 B - RCS Paris - CCP Paris 12710.89Z - N° SIRET 552080871 00015 - APE 1512

```
DROME CARRELAGE
MAT DE CONSTRUCTION         SR
3 RUE LEON GAUMONT
26000 VALENCE LE HAUT
```

===== TELEPHONE =====
USINE :   (85) 81.61
CORRESPONDANCIERS :
                       (85) 81.28.12

USINE EXPÉDITRICE	REFERENCE DE VOTRE COMMANDE	ENREGISTRÉ LE	N° COMMANDE	N° DOSSIER
PARAY-LE-MONIAL 71600	TELEX 950 1ER/4	1/04/86	2350636	26260

DESTINATAIRE	REGLEMENT	% REMISE	FAIT LE
		43,00	01/04/86

DESIGNATION	CHOIX	QUANTITE	UNITE	% REMISE SUPPL.	OBSERVATIONS
Baignoire - piscine	1	10			
Carrelages 10 x 10 velours		100	m²		
Lavabo - Biche		10			

erreur : 10 m² livrés au lieu de 100. Demander livraison sous 48 H de la différence

CONDITIONS PARTICULIÈRES

VOIR AU VERSO NOS CONDITIONS
GÉNÉRALES DE VENTE
ET DE LIVRAISON

BON CHOIX	B	M²	= MÈTRE CARRÉ
1er "	P.1	L	= MÈTRE LINÉAIRE
2e "	S.2	CP	= CENT PIÈCES
CHOIX INDUSTRIEL	1,3	P	= PIÈCE
TOUT VENANT	0	T	= TONNE
DÉCLASSÉ	D,4,6	Q	= QUINTAL
REBUT, CASSE, HORS PALETTE	5,9	KG	= KILOGRAMME
		PL	= PLAQUE
		B	= BOITE

La Messagerie

LETTRE 3

NOTE DE SERVICE :

Appel téléphonique de la Société R.A.V.I.
Objet : le 15 juillet livraison de 500 parasols réf. Arc-en-ciel non reçue.
Répondre : marchandise expédiée le 12 juillet 1989.

LETTRE 4

NOTE DE SERVICE :

- Ecrire à C.O.P.A. France pour demander remises prévues en cas de commande importante (500 - 1000 - 2000 ? sacs de voyage modèle Jet).

ETS. COPA-FRANCE

Z.I. DES QUATRE-SEIGNEURS
BP 06 X
38020 GRENOBLE-CEDEX

Tél : 76 59 15 33

Vos Réf. :
Nos Réf. :
Objet :
P.J ann. :   Grenoble, le . . . .

S.A. au capital de 4 000 000 F / R.C.S. Grenoble B 432 874 521. / C.C.P. Grenoble 4 521 93 G
TELEX : 254 606 / SIRET : 814 549 234 62 195.

Réseau d'Achat et de Vente International

sté / r·a·v·i

BP 206 — 75 001 PARIS-CEDEX
Siège social : 81 rue de Rivoli 75 001 Paris — 37 55 07 24

Vos Réf. :
Nos Réf. :
Objet   :   Paris, le . . . .

P. J ann. :

S.A.R.L. au capital de 9 000 000 F / R.C.S. Paris C 623 452 373 /
CCP Paris 8 952 44 P / TELEX 941 116 / SIRET 894 498 776 80 384

La Messagerie

Ecran 5 - "Les secrétaires ont le pouvoir"

1. Les secrétaires ont le pouvoir

Aujourd'hui, elles ne sont plus seulement les « nounous » du patron... Discrètes, disponibles, dévouées et intuitives, elles sont aussi devenues ambitieuses. Pour « Voici », les secrétaires de différentes personnalités, nous expliquent le rôle qu'elles jouent chaque jour.

Secrétaire : la fonction gagne ses lettres de noblesse, la profession se met à attirer les jeunes, le rôle devient de plus en plus important. Et le travail, intéressant. Depuis quelque temps, grâce aux nouvelles technologies qui simplifient les tâches de la vie au bureau, les secrétaires (les bonnes, les ambitieuses) développent leur activité à un niveau plus élevé : responsabilités accrues, relations humaines privilégiées, fonctions surqualifiées.

Aux postes d'assistantes de direction, on trouve 20 % de secrétaires qui, à partir d'un BTS, ont su évoluer dans l'entreprise, grâce à la formation permanente. La profession ne connaît pratiquement pas le chômage, mais la qualité, sinon la qualification, prime. Les exigences à l'embauche demeurent élevées. Ce qui change : les compétences techniques ne sont pas tout, on recherche l'ouverture d'esprit, l'adaptabilité, la culture générale, les possibilités d'évolution. Sur fond de bonne présentation et d'aisance dans les contacts.

Le recrutement de ce type de secrétaires (de direction, bilingues, spécialisées) passe par des filières proches de celles des cadres. Elles sont « chassées » comme les autres « têtes » des entreprises, par des cabinets spécialisés (type Seref Consultants).

Pendant des années, ce n'était pas un métier très valorisant. Plutôt banal. Dans les années 70, « on faisait secrétariat », presque d'office, après son BEPC, parce que c'était mieux que vendeuse... Il faut dire que les féministes, en dramatisant le rôle de « nounou », voire d'esclave, n'en avaient pas amélioré l'image de marque. Libérée, communicante et toute responsable qu'elle soit devenue, la secrétaire d'aujourd'hui n'en fait pas moins le café pour son boss et elle ne se sent pas déshonorée parce qu'elle descend mettre des pièces au parcmètre. Responsable, compétente et féminine ! Si le secrétariat, à l'heure où la plupart des professions se « désexualisent », reste l'affaire des femmes, c'est bien à cause de leurs qualités spécifiques : discrétion, disponibilité, dévouement et, surtout, intuition.

Chouchoutée de tous côtés, aussi bien par les interlocuteurs de son patron que par les fournisseurs, la secrétaire détient, consciemment ou non, un vrai pouvoir. Le secrétariat mène à tout. Que l'on y reste, comme Claude Bourg, p.-d.g. de Permanence Européenne (qui, à 20 ans, avec ses premiers salaires a monté la première entreprise de secrétariat intérimaire), ou que l'on en sorte, comme Yvette Roudy (avant d'être traductrice, journaliste... et ministre). Suzanne Flon (secrétaire d'Edith Piaf), Hélène Ahrweiler (secrétaire de la reine Frederika de Grèce).

Les super women Annette Roux et Marion Vannier étaient secrétaires. La première est p.-d.g. de Bénetteau, la seconde d'Amstrad (60 % du marché français). Gilberte Beaux, dite « la banquière » a quant à elle débuté à 17 ans comme sténodactylo, dans une banque...

ANNE RISTORI
(REPORTAGE SONIA ESGULIAN)

Les salaires

Ils sont fonction de la qualification, des références, des conventions collectives des différents secteurs (industrie, services...). Et aussi... de l'offre et la demande. Voici la moyenne des salaires, premier emploi, dans la région parisienne (compter environ 25 % de moins en province) :
- *secrétaire sténodactylo : 5 500 F à 6 000 F ;*
- *secrétaire (B.T.S.) : 6 500 F à 7 000 F ;*
- *secrétaire spécialisée (ou bilingue, trilingue, etc.) : 8 000 F à 8 500 F ;*
- *secrétaire de direction : 10 000 F à 11 000 F.*

Extrait de VOICI n° 82 (5/11 juin 1989)

La Messagerie

Après avoir lu le texte "Les secrétaires ont le pouvoir", cochez la bonne réponse.

---

1. Grâce au développement de la bureautique, la profession de secrétaire de direction :

a - est en voie de disparition. ☐
b - perd tout intérêt. ☐
c - est plus gratifiante. ☐
d - demande du personnel moins qualifié. ☐

---

2. Les secrétaires de direction aujourd'hui.

a - La majorité d'entre elles était simple secrétaire. ☐
b - La formation continue a permis à 1/5 d'entre elles d'améliorer leur situation. ☐
c - Elles ont besoin, obligatoirement, d'une haute qualification. ☐
d - Pour être recrutées, les connaissances techniques leur sont complètement inutiles. ☐

---

3. Le recrutement des secrétaires de direction.

a - Elles sont remplacées par des spécialistes de la bureautique. ☐
b - On ne leur demande pas d'être chics et élégantes. ☐
c - On recrute celles qui n'ont pas d'ambition. ☐
d - Elles sont recrutées par des cabinets de Consultants. ☐

---

4. Le secrétariat est toujours une profession féminine parce que :

a - En raison de leurs qualités, les femmes sont de meilleures secrétaires. ☐
b - Les hommes ne s'intéressent pas aux professions dites féminines. ☐
c - Les patrons préfèrent être chouchoutés par des femmes. ☐
d - Les femmes n'aiment pas le pouvoir. ☐

2. Les secrétaires ont le pouvoir

PATRICIA RADUREAU ET INDO-SUEZ
« Il ne faut jamais répondre : je ne sais pas... »

Elle a 39 ans, elle est, depuis dix-huit mois, la secrétaire d'un des dirigeants de la banque Indo-Suez, où elle est entrée à 19 ans, à la sortie du collège technique, avec un simple BTS d'anglais. Pendant deux ans, elle a été « petite main » dans tous les services, elle a passé un CAP, puis un brevet bancaire, utilisant toutes les ressources de la formation permanente intérieure. Un jour, cette autodidacte dynamique s'est retrouvée – juste récompense – secrétaire particulière du numéro deux de la banque, le directeur général des services financiers. Douze années de travail heureux, d'amitié, de connivence. Quand il a pris sa retraite, elle a failli partir, et chercher un autre employeur...

Finalement, elle a choisi de rester dans l'entreprise : « J'aime la banque, dit-elle, les services financiers, les relations internes et j'aime "ma" banque : j'y ai mes habitudes, plein d'amis et un rôle au comité d'entreprise. » Son conseil : « Il ne faut jamais donner une réponse négative type "je ne sais pas". »

CATHERINE MAINGAUD ET JACQUES SEGUELA
« Lui faire respecter son timing, dur, dur ! »

Depuis trois ans, Catherine Maingaud, 25 ans (I.U.T. en communication d'entreprise) est la secrétaire du publicitaire le plus célèbre de France, Jacques Seguela. « Nous n'avons pas d'heure fixe pour étudier le planning et faire le point des dossiers, mais je sais toujours où le trouver. Quand il ne vient pas, il me téléphone, surtout de sa voiture. La partie la plus délicate de mon travail est de lui faire respecter son timing. Il est tellement généreux (il parle beaucoup, il écoute beaucoup, il a tendance à donner trop de son temps à chacun et à recevoir sans rendez-vous ses collaborateurs), que je dois sans arrêt, de demi-heure en demi-heure, précipiter la cadence. Il en rit souvent et dit volontiers : "Au suivant !... comme à l'hôpital." »

De sa secrétaire, Jacques Seguela attend – et obtient – la connivence totale : « D'instinct, elle sait quand et comment me brancher sur un problème délicat. C'est un confort formidable. »

« Je ne l'appelle ni monsieur ni André »

Comme son patron, elle a débuté dans l'édition, il y a un peu plus de vingt ans (chez Hachette, Laffont). Depuis dix ans, après un arrêt pour élever trois enfants, elle est la secrétaire du « plus grand des petits éditeurs » : André Balland. Neuf cents livres publiés, cinquante titres par an, cinq collections, cinquante auteurs, des best-sellers, comme *le Catalogue des objets introuvables* de Carelman (devenu un classique du XXe siècle dans le monde entier) et un prix Goncourt en 1983 (à Frédérick Tristan pour *les Egarés*), des adaptations télévisées (*les Hordes, l'Enfant en héritage*), des biographies à succès (de Pierre Assouline) et même un petit livre à scandale *300 médicaments pour se surpasser* (doping mode d'emploi !).

Annick, outre la partie administrative (courrier, contrats) s'occupe des relations avec les auteurs. Très attachée à « Balland » (elle ne dit ni monsieur ni André), elle comprend au quart de tour ce qu'il demande : il s'explique peu. « Il est optimiste, et ne mémorise absolument pas les échecs. Il est toujours prêt à s'emballer. Jamais il ne revient sur sa parole, mais il sait bien se raviser à temps. D'instinct, j'attends toujours un peu pour exécuter ses ordres... car il arrive parfois qu'il y ait contre-ordre. » Signe particulier : c'est lui qui va la voir au lieu de la « convoquer ».

Il sort de ses poches plein de petits papiers couverts de notes elliptiques. Ce qu'il attend d'elle : qu'elle le protège contre sa propre disponibilité (il est trop affable et c'est la maison d'édition la plus ouverte de Paris).

Ce qu'il apprécie le plus chez elle ? « Son sourire constant, sa discrétion (elle a toujours tout su de ma vie... sans rien en dire) et surtout sa voix, "voix d'Orly", très douce, apaisante, musicale ! » Annick Ollendorf chante d'ailleurs, tous les week-ends (elle est soprano) à Vincennes, dans une chorale dont, l'année dernière, elle a épousé l'animateur.

La secrétaire idéale

Voici les atouts qu'elle doit posséder (et cultiver) d'après la directrice de « Seref Consultants », cabinet de recrutement spécialisé dans le secrétariat haut de gamme.

- *Le bon âge* : 30 ans environ. D'allure : ni minette ni dadame, cela peut aller de 28 à 45 ans.
- *La formation* : BTS, bac A. Compléter, éventuellement, par des stages de formation permanente.
- *La disponibilité* : une grande secrétaire ne regarde pas l'heure, ne part pas avant son patron, sauf s'il le lui demande.
- *La présentation* : impeccable, look personnel mais autant que possible dans la tonalité de l'entreprise.
- *La chaleur humaine* : gentillesse... sans mièvrerie, très grande capacité d'écoute, dévouement.
- *La féminité* : intuition, sensibilité et charme.
- *La solidité* : tout patron a besoin d'être sûr qu'il peut avoir entièrement confiance en sa secrétaire.

Montrez en quoi les secrétaires qui témoignent possèdent des traits du portrait de "La secrétaire idéale".

La Messagerie

3. **Le directeur de la banque Paris-Lyon recherche une secrétaire de direction. Il s'adresse à "un chasseur de tête" et explique le genre de personne qu'il recherche. Imaginez leur dialogue.**

> *Utilisez des expressions indiquant l'ordre, le souhait, le jugement impersonnel ainsi que des verbes variés.*
>
> Exemples d'expressions :
> - je voudrais que...
> - j'aimerais que...
> - il faut que...
> - il est souhaitable que...
> - il est indispensable que...
> - etc.
>
> Exemples de verbes :
> - être, avoir, pouvoir, savoir
> - réussir, aller, trouver.
> - etc.

Le subjonctif s'emploie pour exprimer :

- un ordre :
  ex : je veux que, je voudrais que, j'exige que...

- un souhait :
  ex : je souhaite que, je désire que, j'aimerais que...

- les jugements impersonnels :
  ex : il faut que, il est nécessaire que, il est indispensable que...

La Messagerie

Ecran 6 - Publicité et lettre

1. Ecoutez deux fois la publicité.

2. Répondez aux questions suivantes :

    a. Quel est le produit ?
    b. Quelle est la proposition ?
    c. Jusqu'à quelle date est-elle valable ?

3. L'entreprise RAVI, où vous travaillez, est intéressée par cette proposition.

    Votre patron vous demande d'écrire pour demander de plus amples informations et pour savoir s'il est possible d'obtenir en plus une réduction pour l'achat de 10 unités.

    Utilisez une feuille à en-tête.

Réseau d'Achat et de Vente International

sté / r.a.v.i

BP 206 — 75 001 PARIS-CEDEX
Siège social : 81 rue de Rivoli 75 001 Paris — 37 55 07 24

Vos Réf. :
Nos Réf. :
Objet   :   Paris, le . . . .

P. J ann. :

S.A.R.L. au capital de 9 000 000 F / R.C.S. Paris C 623 452 373 /
CCP Paris 8 952 44 P / TELEX 941 116 / SIRET 894 498 776 80 384

Deuxième partie

COMMUNICATIONS COMMERCIALES

La Messagerie

Ecran 1 - Le téléphone

PRATIQUE DE LA COMMUNICATION COMMERCIALE EN FRANÇAIS

Guide des communications téléphoniques et commerciales

Ce tableau vous servira pour toutes les communications téléphoniques

RECEVOIR UNE COMMUNICATION	APPELER QUELQU'UN AU TÉLÉPHONE

1) Présentation
 	
• *s'il n'y a pas de standard :*
Allô ! Jacqueline Dupont, Société COPA-FRANCE
 	
• *s'il y a un standard :*
Allô ! Jacqueline Pichou bonjour
 	
2) Formules d'attaque
Que puis-je faire pour vous ?
Que désirez-vous ?
C'est à quel sujet ?
	1) Présentation
	
	• *s'il n'y a pas de standard :*
	Allô ! Pierre Dubois, Société R.A.V.I.
	Je voudrais parler à Mme Pichou, service (commercial, financier...)
	
	• *s'il y a un standard :*
	Allô ! Pierre Dubois,
	Société R.A.V.I. pour Mme Pichou
	        le service (expédition, commercial...)
	
	2) Formules d'attaque
	Bonjour,
	→ Je vous appelle au sujet de
	Je vous téléphone à propos de ....
	          au sujet de ....
	          pour ....
	          à cause de ....
	          parce que ....
	
	→ M. Dupont,
	le Service commercial de ....
	l'entreprise ....
	le Directeur de la chambre de commerce
	
	• m'a dit de m'adresser à vous pour ....
	• m'a conseillé de m'adresser à vous au sujet de ..
	• m'a dit que c'était à vous qu'il fallait que je
	   m'adresse pour ....
	        au sujet ....
	• m'a dit que c'était vous qui pouviez me
	   renseigner pour ....
	        au sujet de ....
	• m'a dit que vous pourriez
	   peut être me renseigner ....
	   sûrement me renseigner ....
	   certainement me renseigner ....

La Messagerie

me fournir le renseignement que je cherche
me donner une information

→ J'ai obtenu vos coordonnées
  - par M. Dupont
  - par le service commercial de ...
  - par l'entreprise ...
  - par le Directeur de ...
  - au salon du prêt-à-porter
  - au cours d'une réunion
  - dans votre brochure publicitaire
  - dans votre catalogue
et je pense que vous allez pouvoir me renseigner
  je crois que vous pourrez me renseigner
  j'espère que vous pourrez me fournir le
  renseignement que je cherche

→ Je vous téléphone de la part de M. Dupont
  Je vous appelle de la part de M. Dupont
  qui m'a dit que ....
  qui m'a conseillé de ....

3) Réponses à l'attaque

a - non
- je regrette beaucoup, mais je ne peux pas vous renseigner
- non, ce n'est pas mon service qui s'occupe de cela
- non, on vous a mal renseigné
- je suis désolée mais..
- mon service ne s'occupe plus de .... mais
                        pas de .... mais
- ne quittez pas S.V.P., je vais vous passer
  le service compétent
  la personne compétente
- pouvez-vous patienter quelques instants, je vais me renseigner
- il vaudrait mieux appeler directement notre siège social au n° ....
- je vais vous repasser le standard qui vous mettra en communication avec le service concerné
- excusez-moi
  mais je ne peux rien faire pour vous
  mais je ne vois pas ce que je peux faire pour vous

3) Réponses à l'attaque

→ merci
  je vous remercie
→ oui, merci, oui, d'accord

→ merci beaucoup, excusez-moi de vous avoir dérangée.

merci
merci, excusez-moi de vous avoir dérangée.

b - non-oui

- Oui, c'est bien moi qui m'occupe de ça, mais...
  ... Je suis en communication sur une autre ligne, vous pouvez patienter quelques instants...

  ... { j'ai quelqu'un dans mon bureau, est-ce que...
      je suis en conférence, est-ce que...

  ... Je peux vous rappeler d'ici un quart d'heure.

- Oui, c'est bien mon service,
  - mais M. Porte qui s'occupe de ça est absent actuellement.
    Pourriez-vous le rappeler après le .... ?
                      ou
    Est-ce qu'il pourrait vous rappeler dès son retour ?

  - mais M. Porte qui s'occupe de ça n'est pas dans le bureau, si vous voulez bien patienter, je vais le chercher

  - mais M. Porte qui s'occupe de ça est en communication actuellement,
    pourriez vous patientez ou voulez-vous le rappeler plus tard ?
                      ou
    voulez-vous laisser un message et il vous rappellera dès qu'il pourra.

c - oui

- en effet, on vous a bien renseigné

- mais oui, c'est bien moi qui peut vous renseigner
- oui, que voulez-vous savoir précisément ?

- oui, c'est bien mon service qui s'occupe de ça

- oui

b- non-oui

→ oui, bien sûr

→ oui, au n° .... , poste ....

→ bien

→ bon, merci, je rappellerai

→ oui, je vous rappelle mon n° : ....

→ oui, merci

→ merci, j'attends
    merci, je rappellerai plus tard

→ oui, merci (+ message)
    non, merci ce n'est pas la peine, je rappellerai plus tard

c - objet

→ j'ai assisté à une présentation de votre matériel
    j'ai vu dans votre catalogue ....
    et je serais intéressé par ....
je voudrais savoir si ....
j'aimerais savoir si ....

→ j'ai constaté une erreur dans ma facture
→ j'aurais dû être livré depuis 2 jours ...
→ la livraison que j'ai reçue n'est pas conforme
→ on a une traite qui doit passer à l'encaissement
    le........................ et il faudrait la proroger de 30 jours
    le........................ et on aimerait la proroger de 30 jours

La Messagerie

4) Dialogue éventuel

5) Remerciements + formules de politesse

Oui, je vous envoie un courrier pour vous confirmer tout ça.
Je peux compter sur vous alors.

- je vous en prie, au revoir.
- de rien, au revoir.
- à votre service, au revoir.
- c'est la moindre des choses, au revoir.

4) Dialogue éventuel

5) Remerciements + formules de politesse

- bon, d'accord, on fait comme ça
- bien, je confirme par écrit
                   par courrier
                   par lettre
- bon, vous me confirmez tout ça par écrit
                   par lettre
                   par courrier
- je peux compter sur vous, alors.
- je vous remercie beaucoup, au revoir.
- merci beaucoup, au revoir.
- merci bien, au revoir.
- je vous remercie beaucoup, vous êtes bien aimable, au revoir.

Pratique de la Communication Commerciale en Français

1. Canevas

CANEVAS 1 *Aidez-vous du tableau des pages précédentes pour élaborer le dialogue.*

- Madame Pichou du service commercial de COPA France téléphone à la Société RAVI pour passer commande d'une photocopieuse.
- Madame Pichou obtient le standard de la société RAVI.
- Elle demande le service commercial.
- Le standard lui passe Monsieur Riboud du service commercial.
- Monsieur Riboud se présente.
- Madame Pichou se présente et dit pourquoi elle appelle.
- Il lui demande des précisions.
- Elle les donne.
- Il prend acte de la commande.
- Elle demande confirmation des conditions de livraison et de paiement.
- Il rappelle les conditions.
- Elle est d'accord.
- Il lui demande de confirmer sa commande par lettre.
- Salutations réciproques.

CANEVAS 2 *Aidez-vous du tableau des pages précédentes pour élaborer le dialogue.*

Une photocopieuse a été livrée à Mme Pichou mais après 24 h elle ne fonctionne plus.
Mme Pichou téléphone au service commercial (M. Riboud) de la Société RAVI pour réclamer.

- M. Riboud répond.
- Mme Pichou se présente et explique le problème.
- Il dit que ce n'est pas lui qui s'occupe de ça et lui passe M. Poulet, du service après-vente.
- M. Poulet se présente.
- Mme Pichou explique à nouveau le problème.
- Il lui demande des précisions sur la panne.
- Elle les lui donne.
- Il vérifie, en posant des questions, que l'utilisation a été conforme.
- Elle assure que oui et insiste pour avoir un dépannage rapide.
- Il dit que le dépannage ne peut avoir lieu avant une semaine.
- Elle insiste lourdement et s'énerve.
- Il est désolé mais ne peut faire autrement.
- Elle menace de ne pas effectuer le paiement.
- Il lui dit d'attendre, il va voir un technicien.
- Il a trouvé une solution pour le dépannage.
- Il s'excuse encore.
- Elle prend congé en insistant sur le respect du délai promis.

La Messagerie

2. Notes de service et dialogues téléphoniques

IMAGINER LES DIALOGUES TÉLÉPHONIQUES

SITUATION 1

Note de service n° 25	
Service expéditeur : M. Michel le chef du service commercial	Destinataire : Mme Martin secrétaire
Objet : Demander renseignements à la société RAVI = ont-ils en stock 1000 disquettes modèle E50.	
Suite à donner : me transmettre la réponse pour commande éventuelle.	

Vous êtes Mme Martin, secrétaire, et vous téléphonez à la société RAVI. Comme vous ne savez pas à quel service vous adresser, le standardiste vous passe un poste qui ne peut pas vous renseigner ; celui-ci vous passe un autre service à nouveau incompétent. Finalement vous obtenez le bon interlocuteur.
A chaque service, vous devez formuler votre demande différemment.

SITUATION 2

Note de service n° 53	
Service expéditeur : M. Josselin Directeur de RAVI	Destinataire : Melle Tatin Secrétaire de Direction
Objet : Prendre R.D.V. avec M. Balard directeur COPA = discuter de la préparation d'un stand commun au Salon du bricolage - Nécessite R.D.V. dans les 8 jours.	
Suite à donner : noter R.D.V. sur mon agenda	

Vous êtes Melle Tatin vous téléphonez à la secrétaire de M. Balard.

3. Compréhension et communications téléphoniques

Communication 1

1. Ecoutez l'enregistrement.
2. Répondez aux questions suivantes :
   a. Qui téléphone à qui ?
   b. Pourquoi ?
   c. Quelle est la réponse obtenue ?
   d. Comment se termine la communication ?

Communication 2

1. Ecoutez l'enregistrement.
2. Répondez aux questions suivantes :
   a. Quel est le motif du coup de téléphone ?
   b. Quelle est la réponse de la maison DARLY ?
   c. Quel est le conseil donné ?

Communication 3

1. Ecoutéz l'enregistrement.
2. Répondez aux questions suivantes :
   a. Quel est le motif du coup de téléphone ?
   b. Quel est le résultat de cette communication ?

La Messagerie

4. Dialogues lacunaires

ECOUTEZ ET COMPLÉTEZ LE DIALOGUE

Communication 1

La standardiste : COPA FRANCE, Bonjour.
Madame Panel : Bonjour, Mme Panel, Société RAVI pour le service comptable.
La standardiste : ....
Mlle Gilet : ....

Madame Panel : Bonjour Mademoiselle je vous téléphone à propos de votre facture n° 3624.
Melle Gilet : oui ?
Madame Panel : ....
Melle Gilet : Ah ! Quelle erreur ?
Madame Panel : ....

Melle Gilet : Oui mais la promotion des cassettes VHS à 60 F au lieu de 80 F n'était valable que si on les commandait avant le 12 juillet.
Madame Panel : ....

Melle Gilet : Vous dites le 1er juillet. Ne quittez pas je vais vérifier… J'ai votre commande sous les yeux et effectivement elle est du 1er juillet, il y a sans doute eu une erreur dans la facturation.
Madame Panel : Alors que me proposez-vous ?
Melle Gilet : ....

Madame Panel : On commande souvent, alors je préfère un avoir plutôt qu'un remboursement.
Melle Gilet : Je vous fais donc une facture d'avoir de 2 000 fois 20 soit 40 000 F.
Madame Panel : ....

Melle Gilet : Oui, oui bien sûr, je vous l'envoie tout de suite et excusez-nous encore.

Madame Panel : Oh, c'est pas très grave, au revoir Mademoiselle.

Melle Gilet : Au revoir, Madame.

Communication 2

COMPRÉHENSION

A - 1. Ecoutez la première partie de l'enregistrement

  2. Répondez aux questions suivantes
  a. Qui téléphone à qui ?
  b. Pourquoi ?
  c. Quelle est la réponse obtenue ?
  d. Que doit faire M. Albert à la fin de la communication ?

B - Ecoutez le deuxième coup de fil de M. Albert et retrouvez les répliques qui manquent

M. Albert : Allô bonjour, M. Albert de la Société COPA-FRANCE. Madame Guerrier s'il vous plaît.

Madame Guerrier : C'est moi-même, bonjour. C'est à quel sujet ?

M. Albert : ....

Madame Guerrier : Vous êtes sûr que nous sommes responsables ?

M. Albert : Ah oui, sans aucun doute ! les 10 colis ont été écrasés et 80 flacons ont été cassés.

Madame Guerrier : ....

M. Albert : Oui, c'est le bon de livraison n° 7418, vous pouvez vérifier il y a bien eu des réserves.

Madame Guerrier : ....

M. Albert : Oui, effectivement la vérification a été faite ce matin et on a bien 80 flacons de St Laurent brisés.

Madame Guerrier : ....

M. Albert : Eh bien ! Le flacon est à 400 F cela nous fait donc 32 000 F, plus le manque à gagner que nous pouvons évaluer à 16 000 F.

Madame Guerrier : ....

M. Albert : Eh oui ! RAVI vous avait choisi parce que c'était urgent et nous nous retrouvons avec la moitié de la marchandise. Notre semaine promotion se trouve bien compromise.

Madame Guerrier : ....

M. Albert : L'assurance me remboursera, d'accord, mais qu'est-ce que je dois faire ?

Madame Guerrier : ....

M. Albert : Si je vous envoie aujourd'hui ma demande de dommages et intérêts, dans combien de temps je recevrai des indemnités ?

Madame Guerrier : ....

M. Albert : Oui, un bon mois ?

Madame Guerrier : ....

M. Albert : Bon, alors je compte sur vous pour suivre cette affaire.

Madame Guerrier : ....

M. Albert : ....

Madame Guerrier : ....

La Messagerie

5. Notes de service et jeu de rôles

Note de service n° 52	
Service expéditeur : DURET Pierre Direction (Société COPA France)	Destinataire : Melle CHAUVIER Marianne
Objet : Convoquer conseil d'administration - Budget prévisionnel - <u>Urgent</u>	
Suite à donner :	

SITUATION

Mademoiselle Marianne Chauvier est la nouvelle secrétaire de Direction de l'entreprise COPA-FRANCE.

C'est son premier jour de travail et elle trouve sur son bureau la note de service ci-dessus. Le Directeur est en voyage d'affaires. Elle se trouve dans une situation embarrassante : elle est nouvelle, donc ne connaît pas les démarches à suivre et en même temps elle sait que c'est une épreuve qu'elle doit réussir si elle veut garder sa place.

1) Lisez la note de service n° 52 et notez

a - Ce qu'elle sait : _____
_____
_____

b - Ce qu'elle ne sait pas : _____
_____
_____
_____

c - Trouvez à quels services elle peut téléphoner pour obtenir des renseignements.
_____
_____
_____
_____

2) Jeu de rôles

Vous êtes la secrétaire, Marianne Chauvier. Il est 16 h 30. Les bureaux ferment à 17 h. Vous avez le temps de passer 3 coups de téléphone pour trouver le maximum de renseignements. Bonne chance !

Déroulement du jeu :

- Partagez la classe en deux groupes : chaque étudiant d'un groupe jouera le rôle de la secrétaire et chaque étudiant de l'autre groupe aura le rôle d'un personnage différent (comptable, concierge, délégué du personnel…).

- Chaque étudiant se voit attribuer une fiche.

- Prenez connaissance de votre rôle et mettez vous "dans la peau" du personnage décrit dans la fiche.

- Le jeu commence par la secrétaire n° 1 qui passera trois coups de fil, puis par la secrétaire n° 2 et ainsi de suite jusqu'à la secrétaire n° 8.

Il est nécessaire de respecter cet ordre et de limiter à 3 coups de fil les interventions de chaque secrétaire.

La Messagerie

Secrétaire n° 1
Melle M. Chauvier

Elle a 40 ans - elle est sérieuse, posée, très jolie.
Elle doit téléphoner à M. Robert Pertuis, Chef de la comptabilité.

Secrétaire n°2
Melle M. Chauvier

Elle a 35 ans - elle est décontractée et jolie.
Elle doit téléphoner à Mme Jeanine Serpollet secrétaire de la Sous-direction.

Secrétaire n° 3
Melle M. Chauvier

Elle a 26 ans - elle est affolée - elle téléphone à la seule personne qu'elle connaît dans l'entreprise :
M. Bernard Cocat, Chef du Personnel

Secrétaire n° 4
Melle M. Chauvier

Elle a 38 ans - elle est syndicaliste militante, dynamique.
Elle doit téléphoner à M. Michel Briot, délégué du personnel.

Secrétaire n° 5
Melle M. Chauvier

Elle a 24 ans, elle est très timide, elle n'a jamais eu d'expérience professionnelle, elle a peur de perdre son emploi.
Elle doit téléphoner à Mme Florence Lambert, service entretien.

Secrétaire n° 6
Melle M. Chauvier

Elle a 27 ans, elle est mignonne, décontractée, très féminine,
elle a remarqué les beaux yeux bleus du concierge le matin même, à son arrivée.
Elle téléphone à Alain Laurent, concierge.

Secrétaire n° 7
Melle M. Chauvier

Elle a 40 ans, elle est un peu molle, pas très dynamique, elle n'a pas beaucoup d'idées.
Elle doit téléphoner à Melle Yvette Legrand, standardiste.

Secrétaire n° 8
Melle M. Chauvier

Elle a 30 ans, elle est à l'aise, réfléchie.
Elle connaît Mme Vial qui était au lycée avec elle et qui travaille dans l'entreprise.
Elle téléphone à Mme Martine Vial, service Marketing.

M. Alain Laurent
Concierge de COPA-FRANCE

Il a 30 ans, les yeux bleus. Il est très beau et ressemble à Alain Delon.
Il en profite ; il est dragueur, bon vivant, sympathique, il aime plaisanter.
Il l'a vue passer ce matin et l'a trouvée mignonne. Il lui a fait des compliments et il essaie d'avoir un rendez-vous.
Finalement, il lui dit de téléphoner à la standardiste Mademoiselle Yvette Legrand.

Mme Florence Lambert
Service entretien

Elle est sympathique mais elle ne sait rien de l'organisation de l'entreprise mais confirme la salle.
Elle lui dit de téléphoner à Alain Laurent, le concierge.

M. Michel Briot
Délégué du personnel

Il a 55 ans, il est très ancien dans la maison, il est paternaliste mais pas très futé. Il aime faire du syndicalisme, il est engagé. Il a un langage populaire.
Il n'est pas au courant de cette réunion mais il sait que toutes les assemblées se passent dans la grande salle du 4e étage.
Il lui dit de téléphoner à Mme Florence Lambert du service entretien.

M. Bernard Cocat
Chef du personnel

Il a 45 ans, belle allure. Il est courtois très poli, très sympathique.
Il est toujours prêt à rendre service.
Il connaît la liste des personnes à convoquer :
- M. Budin Robert, directeur de la BNP et principal actionnaire.
- M. Canet François, directeur de la Société ADF, actionnaire.
- M. Duret Pierre, Directeur de COPA-FRANCE.
- Mme Comte Mireille, Responsable du service gestion.
- M. Buisson Maurice, Sous-directeur de COPA-FRANCE.
- M. Pertuis Robert, Chef de la comptabilité.

Il lui conseille de téléphoner au délégué du personnel M. Michel Briot

La Messagerie

Melle Yvette Legrand
Standardiste de COPA-FRANCE

Elle a 22 ans, elle est curieuse et elle aimerait tout savoir. Elle est très bavarde.
Elle a entendu dire que le Conseil d'administration devait avoir lieu le 19 octobre.
Pour plus de précision, elle lui conseille de téléphoner à Melle Martine Vial, qu'elle connaît bien et qui appartient au service marketing.

Mr Robert Pertuis
Chef du service comptabilité

Il est très décontracté et un peu dragueur.
Il veut savoir qui elle est et comment il pourrait la revoir.
Il rentre de vacances aujourd'hui et ne sait rien. Il lui dit de téléphoner à Mme Serpollet, secrétaire du Sous-directeur.

Mme Mireille Comte
Responsable de la gestion

Elle a 45 ans, elle est un peu autoritaire mais aimable et polie.
Elle connaît la date (le 19/10), l'heure (9 h 30), le lieu (la grande salle du 4ᵉ étage) et certaines personnes à convoquer :
- M. Robert Budin, Directeur de la BNP principal actionnaire.
- M. François Canet, Directeur de la Société A.D.F.
- M. Pierre Duret, Directeur de COPA-FRANCE
- M. Robert Pertuis, Chef de la comptabilité.

Melle Martine Vial
Service marketing

Elle a 30 ans, elle est très sympathique et intelligente. Elle aime rendre service.
Elle connaît la date (19/10) et l'heure : 9 h 30.
Pour savoir le lieu et les personnes à convoquer, elle lui conseille de téléphoner à Mme Mireille Comte, Responsable de la gestion.

Mme Jeanine Serpollet
Secrétaire du sous-directeur

Elle a 45 ans, elle travaille dans l'entreprise depuis 20 ans. Elle est un peu jalouse de la nouvelle secrétaire de Direction.
"Elle ne sait rien. M. Buisson, le Sous-directeur est en conférence et elle ne peut pas le déranger."
Elle lui dit de téléphoner au Chef du personnel, M. Bernard Cocat.

6. "Des services à votre service"

LES NUMÉROS GRATUITS:

● **l'appel avec votre Carte Pastel: le "10"**

A partir d'une cabine ou d'un simple poste, vous obtenez un Agent de FRANCE TELECOM qui vous mettra en relation avec votre correspondant.

● **les dérangements: le "13"**

En cas de fonctionnement imparfait de votre installation:
– si vous avez plusieurs postes, un seul d'entre eux peut être à l'origine du dérangement. En les débranchant alternativement, vous pouvez le déceler. Si ce poste est loué à FRANCE TELECOM, venez le faire vérifier à l'Agence, l'échange sera gratuit;
– sinon, appelez sans tarder le "13", d'une cabine publique ou de chez un voisin. Signalez le dérangement en donnant un maximum d'informations à l'opérateur pour permettre un dépannage rapide.

● **le contact direct avec votre Agence Commerciale: le "14"**

Pour toute information: abonnement au téléphone, déménagement, emménagement, modification de votre installation ou de votre contrat...

● **le "36 58"**

Vous avez besoin d'un conseil ou d'un renseignement sur votre facturation. Faites le "36 58".

LES FACILITÉS OFFERTES PAR LES TÉLÉPHONES RELIÉS A UN CENTRAL ÉLECTRONIQUE

60% des abonnés sont actuellement reliés à des centraux électroniques*, qui offrent l'accès à des services supplémentaires:

● **le transfert d'appel** (renvoi temporaire)

L'abonnement au service du Transfert d'Appel National permet à son titulaire de renvoyer les appels arrivant sur son poste vers le numéro de son choix, sur le territoire métropolitain.
Le client abonné à ce service prend à sa charge le coût des communications renvoyées depuis son poste, jusqu'au poste qu'il a désigné. Il doit vérifier le numéro vers lequel il renvoie les appels qui lui sont destinés, après accord préalable de l'utilisateur de cette ligne. En cas d'erreur sur le destinataire du transfert et après réclamation de l'abonné dérangé à tort, FRANCE TELECOM se réserve le droit de suspendre le transfert demandé.

● **le signal d'appel** (indication d'appel en instance)

Si vous êtes déjà en communication, un signal sonore vous indique qu'un autre correspondant cherche à vous joindre. Vous pouvez ainsi utiliser votre téléphone même si vous attendez un appel urgent.

● **la conversation à trois** (conférence à trois)

Elle permet au cours d'une communication de joindre un troisième correspondant.

LES SERVICES DOMESTIQUES:

● **l'annuaire électronique sur Minitel: le "11"**

Il permet d'accéder à la liste des abonnés de la France entière (sauf les personnes inscrites sur la liste rouge). La liste est constamment tenue à jour.
Les trois premières minutes de consultation sont gratuites.

● **les renseignements: le "12"**

Si vous ne trouvez pas dans votre propre documentation les renseignements que vous cherchez, numéros, prix... des opérateurs sont à votre service 24 heures sur 24.

● **le télégramme:**
– le **"36 55"**: dictez votre texte par téléphone
– le **"36 56"**: passez le par votre Minitel (tarif réduit)

● **l'horloge parlante: "36 99"**
Pour vivre à l'heure exacte (coût d'une communication locale).

● **le réveil par téléphone:**
– si vous disposez d'un poste à fréquences vocales, composez le " ***55* heure souhaitée (en 4 chiffres) #** ".
– dans les autres cas, composez le **"36 88"** (service automatique ou par opérateur).

● **communication avec les bateaux:**
Pour obtenir des renseignements, passer des communications ou envoyer des télégrammes, adressez-vous au Numéro Vert **"05 19 20 21"**.

LES NUMÉROS UTILES

TÉLÉPHONE

Le **10**, communication obtenue avec votre Carte Pastel.
Le **12**, les renseignements par opérateur (payant).
Le **19 33 12** + indicatif du pays, les renseignements internationaux (payant).
Le **13**, les dérangements (gratuit).
Le **14**, votre Agence Commerciale (gratuit).
Le **15**, service d'aide médicale d'urgence (SAMU ou SMUR).
Attention, il n'est pas en fonctionnement dans tous les départements.
Notez vous-même ici le numéro de secours vous concernant ....
Le **17**, Police ou pour votre localité, la gendarmerie ....
Le **18**, Pompiers ou pour votre localité ....
Le **36 55**, télégrammes téléphonés.
Le **36 58**, renseignements sur la facturation.
Le **36 88**, réveil par téléphone.
Le **36 99**, horloge parlante.
Le **05 19 20 21**, Numéro Vert (appel gratuit) pour les communications avec les navires.

MINITEL

Le **11**, annuaire électronique.
Le **36 56**, télégramme.
Le **36 13**, Télétel 1 (T1).
Des services internes aux entreprises destinés à des professionnels.
Le **36 14**, Télétel 2 (T2).
Des services professionnels mais aussi des services pratiques pour le grand public.
Le **36 15**, Télétel 3 (T3), Kiosque Télétel grand public.
La plupart des services à usage grand public.
Le **36 16**, Télétel 3 Pro (T3P), Kiosque Télétel Professionnel.
Services à usage professionnel.
Le **36 17**, Télétel 4 (T4), Kiosque Télétel professionnel.
Services à usage professionnel.
Le **36 18**, Communication de Minitel à Minitel.
Un service permettant à deux utilisateurs de communiquer en direct avec leur Minitel. Il est surtout utile pour les handicapés de l'ouïe ou de la parole.

La Messagerie

Des services à votre service

Les affirmations suivantes sont-elle vraies ou fausses ?

	Vrai	Faux

1. On peut obtenir l'heure exacte par téléphone.

2. On ne peut envoyer un télégramme que par téléphone.

3. On n'a pas besoin de passer par un opérateur si on a un clavier à touches.

4. S'il y a un problème de fonctionnement de l'installation téléphonique, il faut appeler le 13.

5. Quand on fait le 14, on doit payer une communication.

6. Le service des renseignements n'est accessible qu'aux heures d'ouverture de bureau.

7. Pour obtenir des renseignements internationaux, il faut composer l'indicatif spécifique du pays.

8. Pour obtenir un renseignement sur la facturation, il faut composer le 36.52.

9. On peut transférer un appel sur le poste de son choix.

10. Tous les services d'aide médicale urgente peuvent être obtenus par le 15.

11. Le 36 16 est un service grand public.

12. Pour obtenir les pompiers, il faut composer le 18.

13. Il est possible pour deux utilisateurs de communiquer en direct avec leur Minitel.

14. Quand on est en communication, il n'y a aucune possibilité de savoir qu'un autre correspondant cherche à appeler.

15. On peut obtenir un opérateur par le 10.

16. Pour obtenir l'annuaire électronique, il faut composer le 36 11.

17. Il est possible de joindre un troisième correspondant au cours d'une communication.

18. Le service Télétel est réservé à un usage professionnel.

7. La conférence à trois

Utilisation - Vous êtes A				
A ⇌ B	A est en communication avec B			
A --- B ↘ C	Pour obtenir C en mettant B en attente	R	♪ Tonalité	Composer n° de C
Après la réponse de C trois possibilités.				
A → B C	Revenir à B en coupant la communication avec C (idem si C est absent ou occupé)	R	♪ Tonalité	Composer 1
A → B ↘ C	Revenir à B en mettant C en attente	R	♪ Tonalité	Composer 2
A ⇌ B ↕ C ↕	Etablir la conversation entre A, B et C	R	♪ Tonalité	Composer 3
Une fois la conversation établie entre A, B et C, il n'est plus possible de revenir en arrière pour isoler B ou C et converser avec l'un d'eux.				

TELEPHONE AUTOMATIQUE INTERNATIONAL

FRANCE	BELGIQUE	SUISSE
- Préfixe international : 19	- Préfixe international : 00	- Préfixe international : 00
- Pour les pays non reliés à l'automatique et pour les communications spéciales (P.C.V. carte de crédit, etc) composer : 19 (tonalité) 33 + indicatif du pays demandé	- Renseignements internationaux : Europe 995 (ab. francophone) 975 (ab. néerlandophone) autres pays 487 Communication internationale manuelle :	- Renseignements internationaux : 191 renseignements numéros 114 communications manuelles 115 renseignements taxation
- Ex : 19-33 359 (vous avez l'opératrice)	Europe 904 / Autres pays 987 Police-secours 908 / Gendarmerie 901 Pompiers - ambulances 900	Pompiers 118 / Police 117
De l'extérieur France : 33	*De l'extérieur Belgique : 32*	*De l'extérieur Suisse : 41*

POUR OBTENIR UN CORRESPONDANT A L'ETRANGER

Préfixe international	Tonalité sauf Suisse	Indicatif du pays	Numéro National demandé	Silence	Sonnerie ou occupation
			Indicatif ville ou zone + Numéro demandé		

**ATTENTION A LA ZONE DE SILENCE, ELLE EST NORMALE
NE RACCROCHEZ PAS, CETTE ATTENTE PEUT ATTEINDRE LA MINUTE.**

La Messagerie

INDICATIFS DES PAYS ET COUT MOYEN D'UNE MINUTE DE CONVERSATION

Les pays *en caractères italiques* sont ceux accessibles uniquement par la voie manuelle :

pays demandés	manuel 19.33 et ↓	automatique 19 et ↓	automatique 1 mn coûte	pays demandés	manuel 19.33 et ↓	automatique 19 et ↓	automatique 1 mn coûte
Afghanistan (Rép. dém)	93			Brunei	673	673	21,90 F
Alaska	11	1907	21,90 F	■ Bulgarie	359	359	6,55 F
Albanie	355			Burkina Faso (4)	226	226	14,60 F
Algérie (7)	213	213	8,30 F	Burundi	257	257	21,90 F
■ Allemagne (RDA)	37	37	6,55 F	Cameroun (4)	237	237	14,60 F
Allemagne (RFA) (3)	49	49	4,50 F	Canada (1)	11	1	9,30 F
Angola	244	244	21,90 F	Cap-Vert (Îles)	238	238	21,90 F
Antilles néerlandaises	599	599	21,90 F	Cayman	11	1809	21,90 F
Arabie saoudite	966	966	19,05 F	Centrafricaine (Rép.) (4)	236	236	14,60 F
■ Argentine	54	54	19,05 F	Chili	56	56	21,90 F
Australie	61	61	19,05 F	Chine (Rép. pop. de)	86	86	21,90 F
Autriche (6)	43	43	6,55 F	Chypre	357	357	6,55 F
Bahamas	11	1809	21,90 F	Colombie	57	57	19,05 F
Bahrein	973	973	19,05 F	*Comores*	269		
Bangladesh	880			Congo (4)	242	242	14,60 F
Barbade	11	1809	21,90 F	Cook (Îles)	682	682	21,90 F
■ Belgique (3)	32	32	4,50 F	Corée (Rép de)	82	82	19,05 F
Belize	501			Costa Rica	506	506	21,90 F
Bénin (4)	229	229	14,60 F	Côte-d'Ivoire (4)	225	225	14,60 F
Bermudes	11	1809	21,90 F	*Cuba*	53		
Birmanie	95	95	21,90 F	Danemark (3)	45	45	4,50 F
Bolivie	591	591	21,90 F	Djibouti (4)	253	253	14,60 F
Botswana	267	267	21,90 F	Dominicaine (Rép)	11	1809	21,90 F
■ Brésil	55	55	19,05 F	Égypte	20	20	19,05 F
El Salvador	503	503	21,90 F	Namibie	264	264	21,90 F
■ Émirats arabes unis :				Nauru	674	674	21,90 F
(Abu Dhabi, Ajman, Dubaï,				Népal	977	977	21,90 F
Fujeirah, Ras-al-Khaïmah,				Nicaragua	505	505	21,90 F
Sharjah, Umm-al-Quwain)	971	971	19,05 F	Niger (4)	227	227	14,60 F
Équateur	593	593	21,90 F	Nigeria	234	234	21,90 F
Espagne (3)	34	34	4,50 F	Norfolk	672	672	21,90 F
□ États-Unis (1)	11	1	9,30 F	Norvège (6)	47	47	6,55 F
(sauf Alaska et Hawaii)				■ Nouvelle-Zélande	64	64	21,90 F
Éthiopie	251			Oman	968	968	19,05 F
Falkland (Îles) (Malvinas)	500			*Ouganda*	256		
Féroé (Îles)	298	298	4,50 F	Pakistan	92	92	21,90 F
Fidji (Îles)	679	679	21,90 F	*Palau*	680		
■ Finlande (6)	358	358	6,55 F	Panama	507	507	21,90 F
■ Gabon (4)	241	241	14,60 F	Papouasie-Nouvelle-Guinée	675	675	21,90 F
Gambie	220	220	21,90 F	Paraguay	595	595	21,90 F
Ghana	233			□ Pays-Bas (3)	31	31	4,50 F
Gibraltar	350	350	6,55 F	Pérou	51	51	21,90 F
■ Grèce (3)	30	30	4,50 F	■ Philippines (Îles)	63	63	21,90 F
■ Groenland	299			Pologne	48	48	6,55 F
Guam	671			Porto Rico	503	1809	21,90 F
Guatemala	502	502	21,90 F	Portugal (5)	351	351	4,50 F
Guinée (Rép. de)	224			Qatar	974	974	19,05 F
Guinée Bissau	245			Roumanie	40	40	6,55 F
Guinée équatoriale	240			□ Royaume-uni (3)	44	44	4,50 F
Guyana				Rwanda (4)	250	250	14,60 F
(ex-Guyane britannique)	592	592	21,90 F	*Saint-Tome-et-Principe*	239		
Haïti	509	509	21,90 F	*Sainte-Hélène et Ascension*	247		
Hawaii	11	1808	21,90 F	*Salomon (Îles)*	677		
Honduras	504	504	21,90 F	Samoa (occidental)	685	685	21,90 F
■ Hong Kong	852	852	19,05 F	*Samoa (américain)*	684		
■ Hongrie	36	36	6,55 F	Sénégal (4)	221	221	14,60 F
■ Inde	91	91	21,90 F	Seychelles (Îles)	248	248	21,90 F
Indonésie	62	62	21,90 F	*Sierra Leone*	232		
Iran	98	98	21,90 F	■ Singapour	65	65	19,05 F
Iraq	964	964	21,90 F	Somalie	252	252	21,90 F
■ Irlande (3)	353	353	4,50 F	*Soudan*	249		
■ Islande	354	354	6,55 F	Sri-Lanka	94	94	21,90 F
■ Israël (2)	972	972	19,05 F	Sudafricaine (Rép)	27	27	21,90 F
■ Italie (3)	39	39	4,50 F	■ Suède (6)	46	46	6,55 F
Jamaïque	11	1809	21,90 F	Suisse (3)	41	41	4,50 F
□ Japon	81	81	19,05 F	Suriname	597	597	21,90 F
Jordanie	962	962	19,05 F	Swaziland	268	268	21,90 F
Kampuchea (Dém)	855			Syrie	963	963	19,05 F
Kenya	254	254	21,90 F	Taïwan (Rép. de Chine)	886	886	21,90 F
■ Koweït	965	965	19,05 F	*Tanzanie*	255		
Lao (Rép. dém pop. du)	856			*Tchad*	235		
Lesotho	266	266	21,90 F	■ Tchécoslovaquie	42	42	6,55 F
Liban	961	961	19,05 F	■ Thaïlande	66	66	21,90 F
Libéria	231			Togo (4)	228	228	14,60 F
Libye	218	218	8,30 F	Tonga	676	676	21,90 F
■ Luxembourg (3)	352	352	4,50 F	Trinité et Tobago	11	1809	21,90 F
Macau	853	853	21,90 F	Tunisie (7)	216	216	8,30 F
■ Madagascar (4)	261	261	14,60 F	Turques-et-Caïques (Îles)	11	1809	21,90 F
Malaisie	60	60	21,90 F	Turquie	90	90	6,55 F
Malawi	265	265	21,90 F	Uruguay	598	598	21,90 F
Maldives (Îles)	960	960	21,90 F	URSS	71	7	6,55 F
■ Mali (4)	223	223	14,60 F	Vanuatu (Rép. de)	678	678	21,90 F
Malte	356	356	6,55 F	Venezuela	58	58	19,05 F
Mariannes (Îles)	670	670	21,90 F	Vent (Îles du, Îles sous le)	11	1809	21,90 F
■ Maroc (7)	212	212	8,30 F	Vierges (Îles) (britanniques)	11	1809	21,90 F
Marshall (Îles)	692			Vierges (Îles) (USA)	11	1809	21,90 F
Maurice (Île)	230	230	21,90 F	*Viet Nam (Rép. soc. du)*	84		
Mauritanie (4)	222	222	14,60 F	*Wake (Île de)*	33		
Mexique	52	52	19,05 F	Yémen (Rép. arabe du)	967	967	21,90 F
Micronésie (États fédérés)				*Yémen (Rép. dém. pop. du)*	969		
(Carolines)	11			■ Yougoslavie (6)	38	38	6,55 F
Midway (Île)	33			*Zaïre*	243	243	21,90 F
Mongolie	976			Zambie	260	260	21,90 F
Mozambique	258	258	21,90 F	Zimbabwe	263	263	21,90 F

■ Pays à partir desquels il est possible d'appeler la France avec une carte Télécom internationale.   □ Pays à partir desquels il est possible d'appeler la France avec une carte Télécom internationale par le service France Direct (numéros d'appel p. 30).

PRATIQUE DE LA COMMUNICATION COMMERCIALE EN FRANÇAIS

LUNDI 16H30 Heure de Paris :
Monsieur DURAND, directeur du service marketing de la société multinationale UGT appelle au 453 2677133 M. Johnson à New York représentant la société UGT aux USA puis M. Scotti, responsable de la succursale UGT à Torino au 123 428472.

a - Notez l'ordre des opérations téléphoniques en vous aidant du tableau ci-dessus et de la liste des indicatifs étrangers : _____

_____

_____

_____

_____

b - Par groupe de 4, l'un d'entre-vous sera la secrétaire de M. Durand, simulez la conférence à trois.

FICHE PREPARATOIRE A LA CONFERENCE
(chacun des interlocuteurs l'a sous les yeux)

ORDRE DU JOUR
Lancement publicitaire du nouveau photocopieur X 33.

Questions à débattre et à résoudre :
- choix de la période et de la durée de la campagne publicitaire.
- choix d'un type de support publicitaire (affiche, spots radio ou télé, journaux...).
- budget consacré à cette campagne.
- slogan unique aux trois pays ou non.

NB: Cette concertation doit aboutir ce lundi afin d'en transmettre les conclusions à l'agence "PUB ET CREATION" dès mardi...

---

c - La secrétaire de M. Durand rédige, avec l'aide des autres membres du groupe, le compte-rendu de cette conférence téléphonique qui sera adressé à l'agence "PUB ET CREATION".

La Messagerie

8. Les messages téléphoniques de France Télécom

Votre patron vous demande de téléphoner au numéro : 234 658074.
Vous le faites et vous entendez un message enregistré.

Pour chacun des messages entendus, quel commentaire faites-vous à votre patron ?

_____
_____
_____
_____
_____
_____
_____
_____
_____
_____

Pratique de la Communication Commerciale en Français

9. Le répondeur téléphonique

**TELIC 610 : UNE NOUVELLE FAÇON D'ETRE
LE TELEPHONE REPONDEUR-ENREGISTREUR COMPACT**

La Messagerie

Ecoutez le premier enregistrement du répondeur automatique

> **1. Notez le numéro de téléphone de :**
>
> • M. Lambert ....
> • Mme Palot ....
>
> **2. A l'aide des informations que vous avez relevées dans l'enregistrement, préparez le canevas suivant et jouez-le.**
>
> *Canevas*
>
> • M. Lambert se présente et explique pourquoi il téléphone.
> • Mme Palot présente son projet.
> • M. Lambert demande un rendez-vous.
> • Mme Palot propose un jour, une heure et un lieu de rendez-vous.

Ecoutez l'enregistrement numéro deux

> **1. Notez le numéro de téléphone de :**
>
> • M. Argot ....
> • Mme Despois ....
>
> **2. A l'aide des informations que vous avez relevées dans l'enregistrement, préparez le canevas suivant et jouez-le.**
>
> *Canevas*
>
> • M. Argot appelle la société Béton-International.
> • Mme Despois de B.I. répond et rappelle la raison de son coup de fil.
> • M. Argot explique qu'ils sont débordés de travail. Il enverra un mécanicien la semaine suivante.
> • Mme Despois insiste sur l'urgence de la réparation.
> • M. Argot s'excuse mais répète qu'ils ne peuvent faire la réparation immédiatement.
> • Mme Despois se fâche et demande à parler au Directeur.

La Messagerie

Ecran 2 - Autres médias

> C'est fou tout ce que l'on peut faire avec un doigt... ?

1. La télécopie

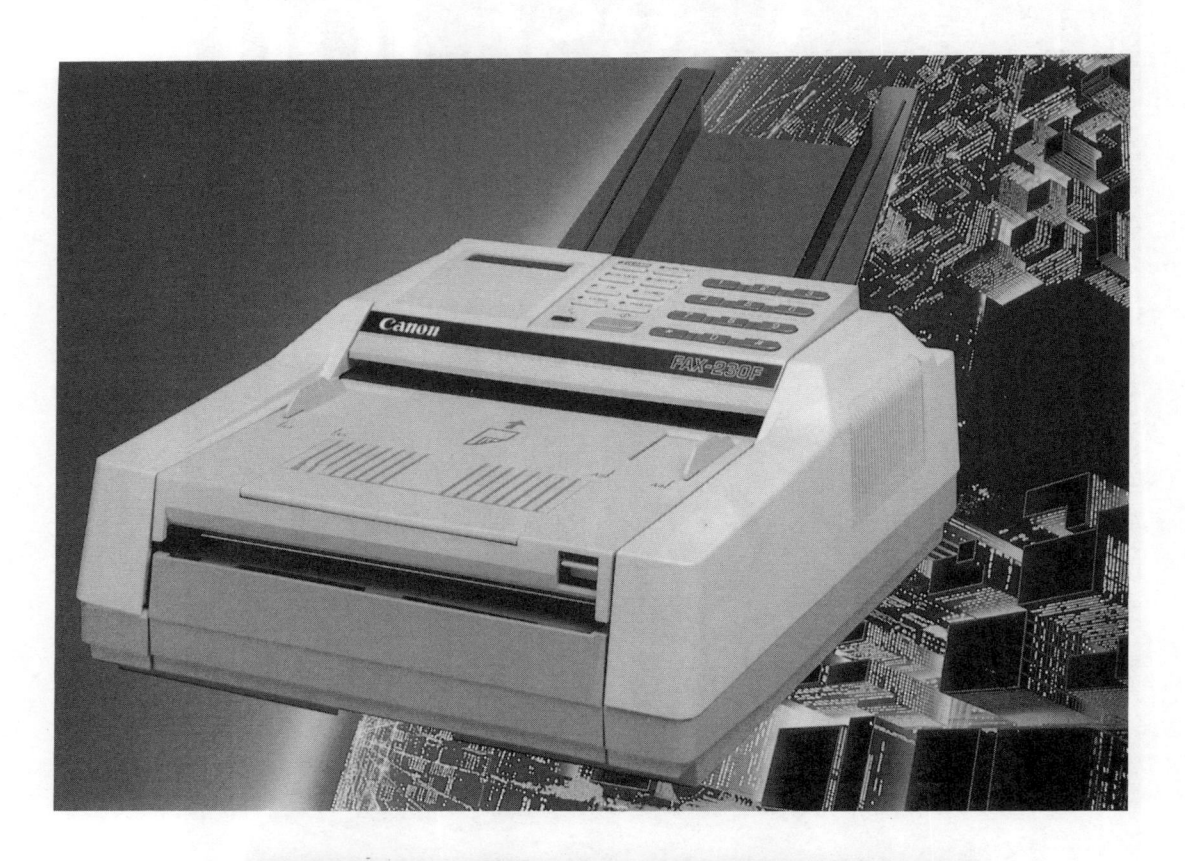

FAX-230F

La Messagerie

Qu'est-ce-que la télécopie ?

La télécopie permet de transmettre en quelques secondes sur le réseau téléphonique, des documents dactylographiés, manuscrits ou graphiques, et plus généralement tout document produit par les équipements de bureautique modernes. Vous pouvez ainsi faire parvenir vos documents dans le monde entier, et dans toutes les langues, avec la rapidité d'un coup de téléphone.

La télécopie, comme le téléphone, devient un outil indispensable. Pour toutes les transmissions urgentes, intra ou inter-entreprises, elle constitue une solution pratique et performante.

1. Reliez chaque titre au paragraphe qui lui correspond.

Justifiez votre choix en soulignant les mots ou expressions qui vous ont aidé.

1. C'EST RAPIDE ET UNIVERSEL
2. C'EST AUTOMATIQUE
3. C'EST ÉCONOMIQUE
4. C'EST FIDÈLE ET PRÉCIS
5. C'EST SIMPLE COMME UN COUP DE FIL
6. C'EST SUR, BIEN SUR

A
Certains télécopieurs, grâce à des mémoires programmables et à une fonction répertoire, déclenchent automatiquement l'envoi de documents à l'heure choisie.
En outre, les télécopieurs les plus perfectionnés disposent d'une mémoire électronique pour le stockage des documents : un gain de temps inestimable, permettant de libérer votre équipement et d'optimiser ainsi son utilisation pendant les heures de bureau.

B
... parce qu'adaptable à vos besoins. L'investissement en équipement de télécopie varie selon les fonctionnalités choisies et la formule d'acquisition souhaitée (location, vente ou crédit-bail).
De nombreux modèles sont disponibles dans une large gamme de prix. Le coût d'utilisation est modique : au prix du papier ne s'ajoute que le prix d'une communication téléphonique de la durée de la transmission.

C
L'impression et la qualité du papier vous assurent une reproduction fidèle de vos documents, en particulier de vos textes manuscrits et graphiques. Vous pouvez aujourd'hui choisir la finesse de restitution (standard, fine ou superfine).

D
Les télécopieurs permettent l'échange d'identification entre émetteur et récepteur. En tête des télécopies reçues figure le numéro d'appel de l'émetteur. En fin de transmission, un avis de réception s'imprime chez l'émetteur.
Un journal d'activité résumant l'ensemble des opérations s'imprime automatiquement au bout d'une période donnée, et peut aussi être édité à la demande.

E
La comptabilité universelle rend la télécopie encore plus accessible. Les télécopieurs de marques et de performances différentes, conformes aux normes de comptabilité internationale du CCITT, peuvent communiquer entre eux sans difficultés.
Le temps de transmission d'une page A4 varie selon les performances de l'équipement : de quelques secondes pour le groupe 3 (génération actuelle à 3 minutes maximum pour le groupe 2).

F
L'installation d'un télécopieur ne nécessite qu'une ligne téléphonique et une prise de courant. Discret et peu encombrant, le télécopieur est d'une utilisation très simple. Il vous suffit d'introduire le document, de composer le numéro de téléphone de votre correspondant et d'appuyer sur la touche d'émission ; la réception est le plus souvent automatique et permanente.

1	2	3	4	5	6

LES FONCTIONS COMMUNES A TOUS LES TELECOPIEURS

La majorité des télécopieurs actuellement sur le marché possèdent les fonctions suivantes :

- **RECEPTION AUTOMATIQUE :** sans intervention du destinataire.
- **HORODATAGE :** identification de la date et de l'heure de transmission pour chaque opération.
- **IDENTIFICATION AUTOMATIQUE DE L'EMETTEUR ET DU RECEPTEUR :** impression automatique des coordonnées de l'émetteur chez le destinataire, et de celles du récepteur chez l'appelant : le nom de l'expéditeur peut s'imprimer en clair sur la copie reçue, ainsi que le groupe, la résolution et le numéro de la page transmise.
- **ACCUSE DE RECEPTION :** rapport édité à la fin de chaque transmission.
- **REEMISSION AUTOMATIQUE :** une "copie mal reçue" est réémise automatiquement.

---

2. Exercice

Paraphrasez l'explication des différentes fonctions communes à tous les télécopieurs en utilisant : il permet de + infinitif.

1. La réception automatique permet de _____

2. L'horodatage permet de _____

3. L'identification automatique de l'émetteur et du récepteur permet de _____

4. L'accusé de réception permet de _____

5. La réémission automatique permet de _____

La Messagerie

2. Le Minitel

En 1989, il y a environ 5.000.000 de minitels en France

Document A

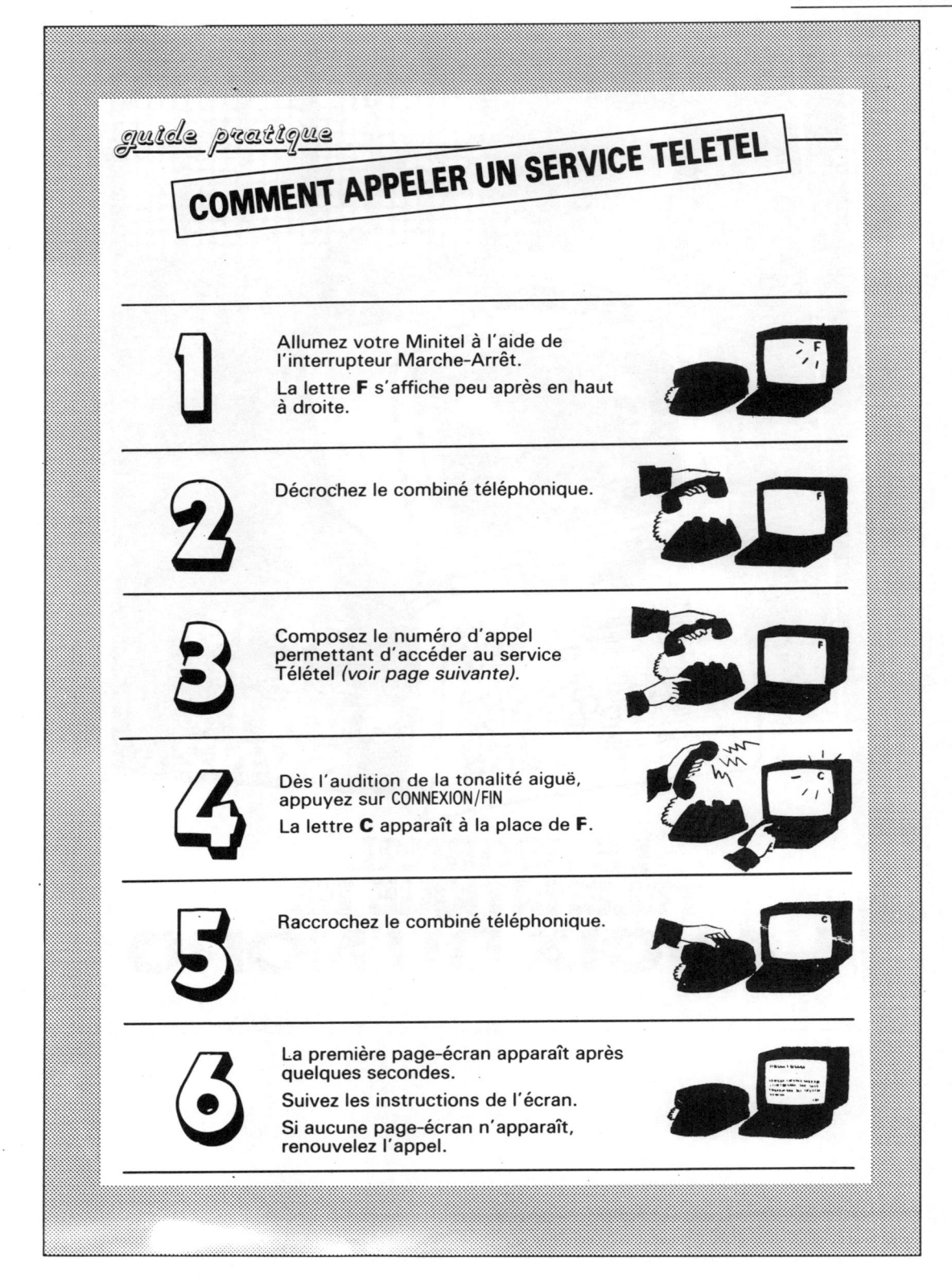

guide pratique
COMMENT APPELER UN SERVICE TELETEL

1 Allumez votre Minitel à l'aide de l'interrupteur Marche-Arrêt.
La lettre **F** s'affiche peu après en haut à droite.

2 Décrochez le combiné téléphonique.

3 Composez le numéro d'appel permettant d'accéder au service Télétel *(voir page suivante)*.

4 Dès l'audition de la tonalité aiguë, appuyez sur CONNEXION/FIN
La lettre **C** apparaît à la place de **F**.

5 Raccrochez le combiné téléphonique.

6 La première page-écran apparaît après quelques secondes.
Suivez les instructions de l'écran.
Si aucune page-écran n'apparaît, renouvelez l'appel.

La Messagerie

Les touches du clavier

Document B

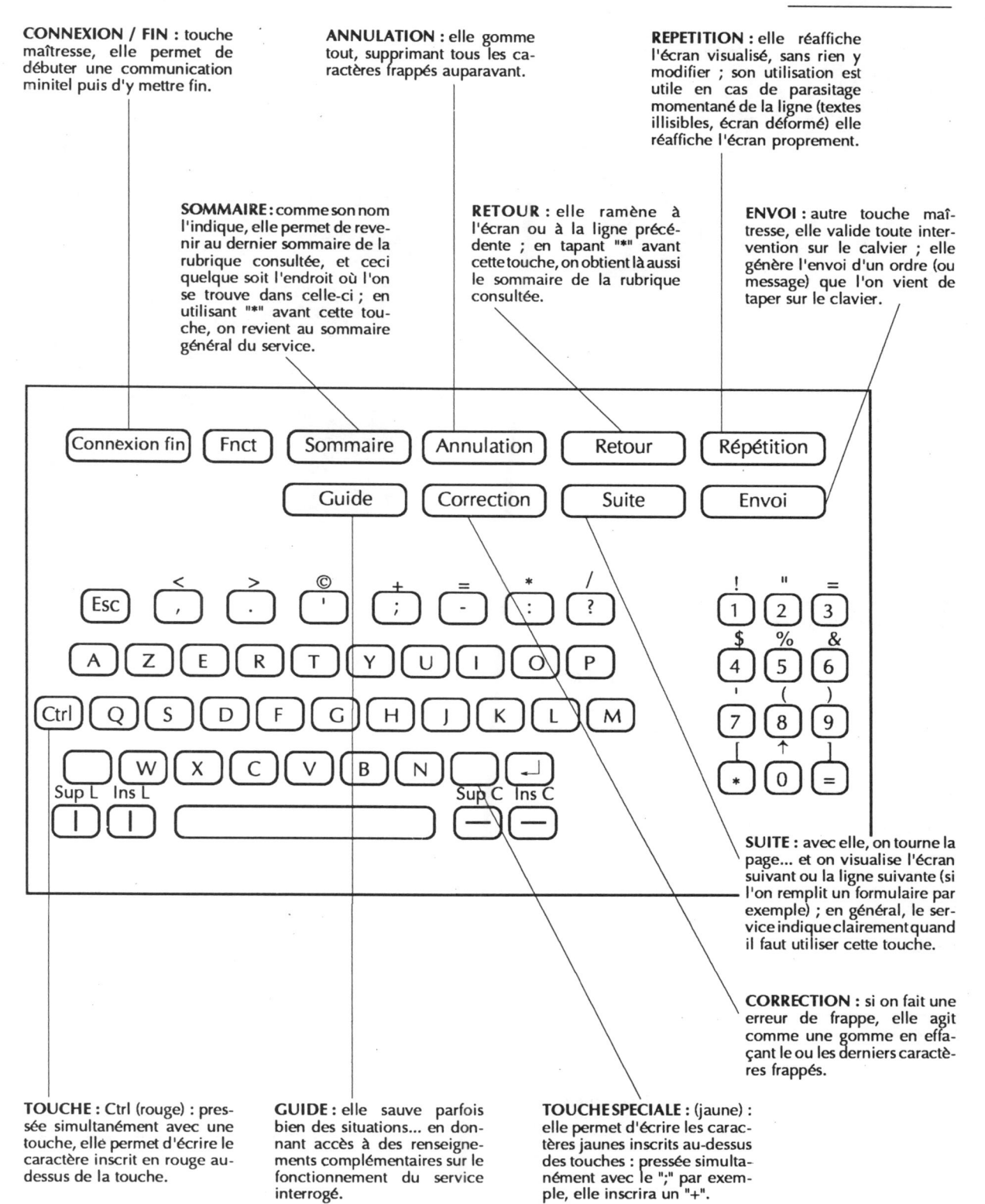

CONNEXION / FIN : touche maîtresse, elle permet de débuter une communication minitel puis d'y mettre fin.

SOMMAIRE : comme son nom l'indique, elle permet de revenir au dernier sommaire de la rubrique consultée, et ceci quelque soit l'endroit où l'on se trouve dans celle-ci ; en utilisant "*" avant cette touche, on revient au sommaire général du service.

ANNULATION : elle gomme tout, supprimant tous les caractères frappés auparavant.

RETOUR : elle ramène à l'écran ou à la ligne précédente ; en tapant "*" avant cette touche, on obtient là aussi le sommaire de la rubrique consultée.

REPETITION : elle réaffiche l'écran visualisé, sans rien y modifier ; son utilisation est utile en cas de parasitage momentané de la ligne (textes illisibles, écran déformé) elle réaffiche l'écran proprement.

ENVOI : autre touche maîtresse, elle valide toute intervention sur le calvier ; elle génère l'envoi d'un ordre (ou message) que l'on vient de taper sur le clavier.

SUITE : avec elle, on tourne la page... et on visualise l'écran suivant ou la ligne suivante (si l'on remplit un formulaire par exemple) ; en général, le service indique clairement quand il faut utiliser cette touche.

CORRECTION : si on fait une erreur de frappe, elle agit comme une gomme en effaçant le ou les derniers caractères frappés.

TOUCHE : Ctrl (rouge) : pressée simultanément avec une touche, elle permet d'écrire le caractère inscrit en rouge au-dessus de la touche.

GUIDE : elle sauve parfois bien des situations... en donnant accès à des renseignements complémentaires sur le fonctionnement du service interrogé.

TOUCHE SPECIALE : (jaune) : elle permet d'écrire les caractères jaunes inscrits au-dessus des touches : pressée simultanément avec le ";" par exemple, elle inscrira un "+".

Le Guide du Minitel n° 3 - Février 88

Pratique de la Communication Commerciale en Français

COMMENT APPELER UN SERVICE

Document C

■ 12 numéros d'appel Télétel, plus...

36 05 XX.XX Numéro vert	Services grand public et professionnels
36 13	Services professionnels
36 14	Services grand public et professionnels
36 15 36 25.XX.XX	Services grand public
36 16 36 26 XX.XX	Services professionnels
38 18 communication minitel à minitel	Destiné aux sourds et malentendants
36 17 36 27 XX.XX	Services professionnels
36 28 XX.XX	Services professionnels
36 29 XX.XX	Services professionnels

N.B. : Les numéros à 4 chiffres donnent accès à une page Télétel ; les numéros à 8 chiffres (exemple : 36 15.XX.XX) permettent d'obtenir directement la page d'accueil du service demandé.

Les autres numéros d'appel du 11
Depuis la France : le 36.19.91.11 ou 36 14, code AE
Depuis les DOM : le 36 11
Depuis l'étranger : le (33) 36.19.91.11 ou (33) 36.43.14.14, code AE (numéro d'appel de Télétel).

Le Guide du Minitel N° 3 · Février 88 / **31**

La Messagerie

Document D

EXEMPLE DE L'UTILISATION DU MINITEL POUR LA VENTE PAR CORRESPONDANCE

minitel
MÊME LE DIMANCHE

LE DÉROULEMENT DE VOTRE COMMANDE ÉTAPE APRÈS ÉTAPE :

■ <u>Minitel vous demande qui vous êtes...</u>

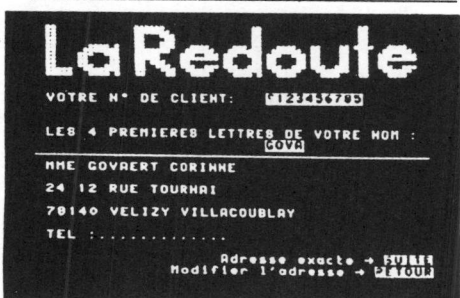

- votre n° de client ;
- les 4 premières lettres de votre nom ;
- si vous bénéficiez d'une offre spéciale, vous entrez son n° de code à 5 chiffres, Minitel s'occupe du reste !

■ <u>Vous détaillez votre commande...</u>

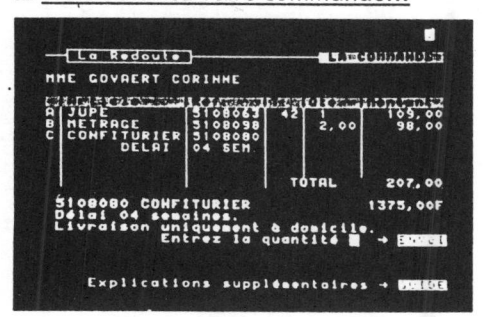

- la référence et le code-taille de l'article ;
- la quantité souhaitée.

Minitel vous dit tout de suite si vos articles sont disponibles et dans quels délais vous serez livrée.

PASSER COMMANDE SUR MINITEL : LA SIMPLICITÉ MÊME !

<u>A chaque étape, Minitel vous guide et vous renseigne.</u>

Pour commander sur Minitel, il y a en fait très peu de choses à savoir. Vous allumez votre Minitel, vous décrochez votre téléphone, vous composez le 36.14, vous entrez le code REDOUTE et voilà, tout est aussi simple que cela.

■ <u>Vous choisissez votre lieu de livraison.</u>

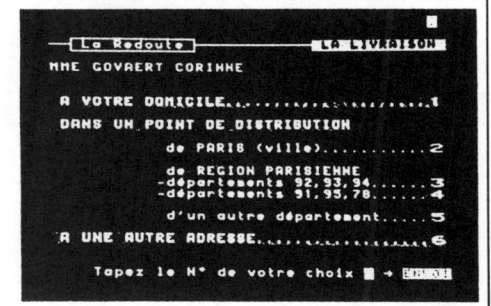

- à domicile ;
- dans un Rendez-Vous Catalogue ;
- à une autre adresse ; c'est bien pratique si vous devez vous absenter !

■ <u>Vous indiquez votre mode de paiement.</u>

Pour payer, il vous suffit d'indiquer ce qui vous convient le mieux :
- à la livraison ;
- avec la Carte Kangourou ;
- avec une Carte Bancaire.

Minitel vous demande alors le n° de votre carte.

■ <u>Vous confirmez votre commande.</u>

En fin de commande, Minitel vous demande de confirmer votre commande : il n'y a ainsi aucun risque d'erreur. Vous tapez "OUI", votre commande est alors enregistrée et cela ne vous a pris que quelques minutes.

Catalogue été 1989. LA REDOUTE

Document E

DISTRIBUTION

SERVICES PROFESSIONNELS

NOM DU SERVICE	DESCRIPTION	VOTRE CORRESPONDANT	ACCÈS AU SERVICE	CONDITIONS D'ACCÈS	
FRANCIS BRUN S.A.	Service réservé aux clients de la société. Transmission de commandes de pièces d'électricité auto. Messagerie.	Francis Brun S.A. M. Brun - 9, rue de l'Uranium, 67800 BISCHHEIM Tél. : 88 62 42 12	36 14 FBRUN	France entière 24/24	P □
FUTUR IDS	Centrale d'achat groupe futur IDS. Centrale d'achat de matériels micro-informatiques et péri-informatiques. Messagerie, consultation du catalogue avec recherches multi-critères, passation de commande.	Futur IDS, Futur Importation Distribution Service Département Informatique - 26, rue de Versailles, 78510 LE CHESNAY Tél. : (1) 39 63 26 26	36 14 FITEL 35 21 34 34	France entière 24/24	P □
GASPARD	Vente aux entreprises, collectivités, administrations, de fournitures pour bureaux, bureaux d'études, services informatiques : prise de commande, consultation tarification, demande de catalogue.	GASPARD Service Marketing - BP 51 59770 MARLY Tél. : 27 45 11 22	36 14 GASPARD	France entière 24/24	@
GILSON	Catalogue des produits (matériel de laboratoire), stages de formation, SOS après-vente, etc.	Gilson Medical Electronics SA Corinne Fried - 72, rue Gambetta, 93400 VILLIERS LE BEL Tél. : (1) 39 90 54 41	36 14 GILSON	France entière 24/24	@
HONDA - PIÈCES DÉTACHÉES	Pièces détachées; Service pièces détachées de la moto, voiture et produits alliés Honda; Réservé aux concessionnaires Honda; Abonnés Hondatel.	Honda France M. Yannick Altman - Parc Activités Paris-Est, La Madeleine, BP 46, 77312 MARNE LA VALLÉE CEDEX 2 Tél. : (1) 60 05 90 12, p. 1149	36 13 HONDA	France entière lun. au vend. : 8 h 30 à 19 h 30	P □
HORBITEL	Communication entre les détaillants horlogers-bijoutiers joailliers orfèvres, les fabricants, distributeurs, journaux et groupements professionnels.	PICODATA M. Carrot - 6, rue Firmin Gillot, 75015 PARIS Tél. : (1) 42 50 84 10	36 15 HBJO	France entière 24/24	P
IF SA	Distribution de fournitures informatiques. Commandes directes par minitel. Consultation du catalogue. Livraison sous 24 heures.	IF SA Brigitte Pernin - 57, route Nationale, 23220 ROCHE LEZ BEAUPRÉ Tél. : 81 57 02 58	36 14 IFSA	France entière 24/24	@
INFOTEXTIL	Messagerie pour professionnels et fournisseurs du textile. Habillement et sa distribution couplée avec des journaux de petites annonces classés et de promotion pour fabricants. Gde distribution. Détaillants. Emploi...	Infotextil M. Jean-Michel Bontron - 31, av. de Saxe, 69006 LYON Tél. : 78 24 52 87 ou 78 24 01 37	36 14 EU21 ou EU22	France entière 24/24	P
INTERGÂTEAUX	Mise en place d'un réseau de correspondants, gestion d'un système de transmission à distance de gâteaux périssables livrés à domicile. Messagerie pour les adhérents. Petites Annonces. Animation, information, cadeaux d'entreprises.	INTERGÂTEAUX M. Marsaut - 1, bd Diderot, 25000 BESANÇON Tél. : 81 88 32 20	36 13 IGX 81 80 45 56	France entière 7 h à 13 h et 14 h à 21 h	P □

Source LISTEL Mai 1987

La Messagerie

Le Minitel

I - Choisissez un des services de distribution du document E, et à l'aide des documents A, B, C, D, notez les différentes étapes pour établir une communication par Minitel et faites le texte pour passer une commande et laisser un message.

ETAPES

1. _____

2. _____

3. _____

4. _____

5. _____

6. _____

7. _____

8. Texte de la commande : _____

_____

_____

_____

   Texte du message : _____

_____

_____

_____

9. _____

10. _____

11. _____

12. Connexion. Fin.

PRATIQUE DE LA COMMUNICATION COMMERCIALE EN FRANÇAIS

II - Publicité et Minitel

A. ECOUTEZ DEUX OU TROIS FOIS L'ENREGISTREMENT

B. RÉPONDEZ AUX QUESTIONS SUIVANTES :

a. Quel est le produit ? _____

b. Dans quel cas le locuteur l'utilise-t-il ? _____
_____

c. Quels sont les avantages du produit ?
-
-
-
-
-

d. Pour quels types d'activité est-il pratique ?
-
-
-

e. Quel est le numéro de son service Minitel ? _____

C. SITUATION

Votre entreprise, COPA-FRANCE vous demande de réserver 5 chambres à un lit pour les membres de la direction qui doivent participer à un colloque à Paris, place de la Concorde, du 1er au 10 juin.

> **Exercice**
>
> *Voici les 8 étapes telles qu'elles vont apparaître sur l'écran du Minitel. (page suivante).*
>
> **a.** Retrouvez l'ordre chronologique de ces différentes étapes :
>
> | 1 | 2 | 3 | 4 | 5 | 6 | 7 | 8 |
> |---|---|---|---|---|---|---|---|
> | | | | | | | | |
>
> **b.** Pour chacune d'elles, donnez en une phrase la manipulation que vous devez effectuer et ce que vous devez taper sur le Minitel :
>
> 1. _____
> 2. _____
> 3. _____
> 4. _____
> 5. _____
> 6. _____
> 7. _____
> 8. _____

La Messagerie

A.
```
RESERVATIONS

1. Paris
2. Province
3. Etranger


                          N°... + ENVOI
```

B.
```
VOS COORDONNEES

Nom .......................................
Adresse ...................................
Téléphone .................................

        Après chaque réponse SUITE
                      A la fin ENVOI
```

C.
```
IBIS

1. Nos promotions
2. Réservations



                          N°... + ENVOI
```

D.
```
VOUS CONFIRMEZ
VOTRE RESERVATION ?

Oui ............ (O)
Non ............ (N)


                                 ENVOI
```

E.
```



        I   B   I   S



                                 SUITE
```

F.
```
IBIS CONCORDE
Chambre à 1 lit, nombre ...............
Chambre à 2 lits, nombre ..............
Date d'arrivée ........................
Date de départ ........................

        Après chaque réponse, SUITE
                      A la fin ENVOI
```

G.
```
TELETEL 3

Code : .................................




                            TAPEZ ENVOI
```

H.
```
PARIS

1. Ibis Bastille
2. Ibis Concorde
3. Banlieue


                          N°... + ENVOI
```

Pratique de la Communication Commerciale en Français

3. Télex et Télégrammes

1. Dans ces messages, supprimez tout ce qui est inutile à la compréhension.

a. Voulez-vous nous confimer le plus tôt possible la date et l'heure d'arrivée de M. Pinchon à Paris pour le Salon de l'automobile.

b. M. Pinchon arrivera à Paris, à la Gare de Lyon, le 15 février à 16h14. Nous vous remercions de prévoir de l'accueillir.

2. Analysez le télex (page suivante) : notez les informations données :
-
-
-

3. Transformez le texte de ce télex en texte de télégramme. Remplissez la formule de télégramme ci-dessous.

FRANCE TELECOM

LYON LE 02-06-89   page 1

Arrivé le 06 JUIN 1989 C.U.E.F.

CENTRE UNIV ETU FRAN
CENTRE UNIV ETU FRAN CENTRE UNIV ETU FRAN
BP 25 X
GRENOBLE

38040 GRENOBLE CEDEX

VOICI LES PRINCIPALES ABREVIATIONS UTILISEES DANS LE SERVICE TELEX

ABS abonné absent   CI conversation impossible   DER en dérangement
INF et NCH numéro modifié   NA erreur procédure   NP numéro plus en service
NC pas de circuit disponible   OCC numéro occupé

======= MINITELEX ======= MINITELEX ======= MINITELEX ======
REF A127157   EMISSION VERS 450003 FRIULS I   043 450003 APRES 1 TENTATIVES
JOUR/HEURE : 010689/14:51:3 DUREE : 00:02:32 BALE : S47403 MT : 22,77
======= MINITELEX ======= MINITELEX ======= MINITELEX ======
043450003+
152 1450   /888/
450003 FRIULS I*
MINITLX AB9000F

CI

A L'ATTENTION DE FRIULSIDER - MME LARA

EN REPONSE A VOTRE TELEX DU 25 MAI, NOUS
 VOUS CONFIRMONS QU'IL SUFFIT DE NOUS RE
TOURNER LE BULLETIN DE PRE INSCRIPTION A
CCOMPAGNE DE E DE LA SOMME DE 300 F POUR
 RESERVER UNE PLACE AUX COURS INTENSIFS
D'ETE.POUR UNE INSCRIPTION EN JUILLET,VE
UILLEZ NOUS RETOURNERURNER CE FORMULAIRE
 LE PLUS RAPIDEMENT POSSIBLE.MONSIEUR R.
 MORATI NOUS APPORTERA LES PHOTOS LORS
 DE SON INSCRIPTION DEFINITIVE A SON ARR
IVEE A GRENOBLE.

DANS L'ATTENTE DE SA VENUE A GRENOBLE,VE
UILLEZ AGREER, MADAME, L'EXPRESSION DE N
OS SENTIMENTS LES MEILLEURS

LE SECRETARIAT ACCUEIL - C.U.E.F.

TO REPLY,
PLEASE CALL 389000
BEGIN YOUR TEXT BY :

Pratique de la Communication Commerciale en Français

4. Transformez le texte du télégramme ci-dessous en texte de télex.
   Remplissez la formule du télex

N° 698 TÉLÉGRAMME

Étiquettes — Timbre à date — N° d'appel : — INDICATIONS DE TRANSMISSION

Ligne de numérotation — ZCZC — N° télégraphique — Taxe principale — Taxes accessoires — Total — N° de la ligne du P.V.

Ligne pilote

Bureau de destination : BORDEAUX — Département ou Pays : 33 FRANCE

Bureau d'origine : SETE — Mots : 20 — Date : 16.06.89 — Heure : 10H32 — Mentions de service

Nom et adresse : STE AUBONVIN 25 AV V HUGO 33000 BORDEAUX

TEXTE et éventuellement signature très lisible :
PRIERE ENVOYER 20 CAISSES MOUTON CADET 1985 PORT DU PAIEMENT HABITUEL URGENT

Pour accélérer la remise des télégrammes indiquer le cas échéant, le numéro de téléphone (1) ou de télex du destinataire
TF _____ TLX 32000 BORD II

Pour avis en cas de non remise, indiquer le nom et l'adresse de l'expéditeur (2) :
HOTEL DES MIMOSAS 3 RUE P. VALERY 34000 SETE

TELEX   **Expéditeur**

Emission vers
Jour / Heure

La Messagerie

4. Acquisitions lexicales

Exercice 1

Les mots suivants appartiennent au domaine du téléphone.
Cochez la bonne réponse.

1. Bigophoner (fam) :
   - a - téléphoner ☐
   - b - télégraphier ☐
   - c - télécopier ☐

2. Un poste :
   - a - un bureau de poste ☐
   - b - une ligne téléphonique ☐
   - c - un appareil téléphonique ☐

3. Un bip :
   - a - un voyant ☐
   - b - un signal sonore ☐
   - c - une touche de téléphone ☐

4. Un standard :
   - a - un central téléphonique ☐
   - b - une norme téléphonique ☐
   - c - une exposition de téléphonie ☐

5. Un coup de fil (fam) :
   - a - un branchement téléphonique ☐
   - b - un tarif téléphonique ☐
   - c - un appel téléphonique ☐

Pratique de la Communication Commerciale en Français

Exercice 2

Trouvez le sens des mots en gras en vous aidant des répliques données.
Une secrétaire, qui utilise pour la première fois un ordinateur, parle avec une de ses collègues.

1 - **Ma bécane** est en panne.
   - Je vais appeler le technicien.

2 - Je suis très fatigué, **j'ai pianoté** toute la nuit.
   - Pourquoi tu fais des heures supplémentaires ?

3 - **J'ai tapé le code d'accès,** j'ai obtenu **le menu**, j'ai **la rubrique** que je voulais et maintenant **j'ai ma page écran**. Qu'est-ce que je dois faire ?
   - Eh bien, tu peux écrire ton texte.

4 - Oh ! mince alors, j'ai fait une erreur de frappe. Qu'est-ce que je fais ?
   - Eh bien, **tu cliques la souris** et tu corriges.

5 - Tu vois, ici plusieurs traitements de textes sont **connectés** sur ce **terminal**.
   - Ah ! c'est génial ! je peux taper en même temps que Germaine.

6 - J'ai tapé sur **le clavier** pendant deux heures pour rien ? J'avais oublié de **sauvegarder** mon texte !
   - Eh bien, tu n'as plus qu'à recommencer.

Exercice 3 : Le lexique du Minitel - Publicités

Complétez les textes à l'aide des mots suivants : boîte aux lettres, un service, branchez, d'accès, les messageries, réseau, voyant.

Vous êtes CADRE, INGENIEUR, TECHNICIEN, vous cherchez un emploi sur votre Minitel. Tapez 36-15
code _____ ANPE : _____
de plus pour la recherche d'un poste d'encadrement.

Faites 36-15 code AMI. Dialoguez sur AMI avec vos amis et créez
votre _____ pour recueillir les _____
de vos amis.

Le _____ de votre Minitel allumé, _____ vous
sur le 36-14 code TAM vous aurez à votre disposition
notre _____ d'annonces pour faciliter vos achats de matériel de bureau.

La Messagerie

Exercice 4

FRANCE IMMOBILIER TÉLÉMATIQUE

ACHETER   VENDRE
PARTICULIER à PARTICULIER

36.14 tapez FIMTEL
FRANCIMMO

8, Square Cantini - 13006 MARSEILLE - Tél. 91.78.04.12

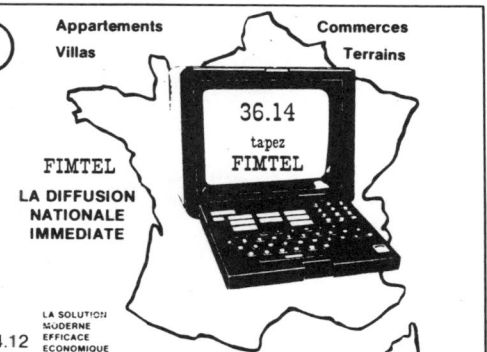

Appartements   Commerces
Villas   Terrains

36.14 tapez FIMTEL

FIMTEL
LA DIFFUSION
NATIONALE
IMMEDIATE

LA SOLUTION
MODERNE
EFFICACE
ECONOMIQUE

C.I.D.E.
(1) 42 96 80 06
+ Connexion

Vous recherchez une école ?
(Primaire, Secondaire, Supérieure ou Technique)
CENTRE D'INFORMATION ET DE DOCUMENTATION SUR L'ENSEIGNEMENT
(1) 42 96 80 06 + touche "connexion."
1, rue de Choiseul
75002 PARIS
(1) 42 96 16 68

TOUS LES LIVRES A DOMICILE EN 48 H*
et l'actualité littéraire
3615 Code LIVR
* selon disponibilité chez l'éditeur

Livres-cassettes
Librairies spécialisées

Associations littéraires
Banques de données

36.15
TAi38

**APPARTEMENTS, VILLAS, TERRAINS,
COMMERCES, RESIDENCES SECONDAIRES,
VENTES, ACHATS ET LOCATIONS**

Le 1er fichier informatique immobilier

Renseignements : 76 77 23 54

Le Guide du Minitel N° 3 - Février 88

Dans les publicités ci-dessus, relevez les termes se rapportant au Minitel :

_____
_____
_____

Reportez-vous au document E de la page 136 et choisissez un service. Utilisez les informations données pour créer une publicité.

La Messagerie

Troisième partie

DOCUMENTATION

1. Codes et abréviations

• R.C.S.
Registre du Commerce et des Sociétés

L'indication du numéro du registre du commerce et des Sociétés est **obligatoire** sur tous les documents commerciaux.

Il se compose de :
Ville où a eu lieu l'inscription + lettre A.B.C. ou D. (1) + numéro INSEE à 9 chiffres (2)

> **(1) Les lettres forment un code :**
> A → pour un commerçant individuel
> B → pour une société
> C → pour un groupement d'intérêt économique
> D → pour une société civile
>
> **(2) Numéro INSEE d'identification des entreprises.**
> (INSEE : Institut National de Statistiques Et d'Enregistrement)
> *ex : RCS Paris B - 483 620 604*

• SIREN/SIRET

Le **SIREN** (**S**ystème **I**nformatique pour le **R**épertoire des **EN**treprises et des établissements) attribue à chaque entreprise un numéro national à 9 chiffres appelé SIREN.

Ce numéro est suivi d'un numéro complémentaire de 5 chiffres pour chacun des établissements.

Le numéro de 14 chiffres est appelé **SIRET** (**S**ystème **I**nformatique pour le **R**épertoire des **ET**ablissements).

Ces 2 numéros peuvent apparaître sur les lettres commerciales en Zone 6.

• Les références

Les référencés figurant en zone 4 sont le plus souvent formées :
> → des initiales du rédacteur de la lettre ou du chef de service
> → des initiales de la dactylographe
> → d'un numéro d'enregistrement de la lettre
>   ou
> → des initiales du rédacteur de la lettre ou du chef de service
> → d'un numéro d'enregistrement de la lettre
>
> *ex : chef de service : Alain Delon*
> *   dactylographe : Catherine Deneuvre   ou*   *AD - CD 32*
> *   n° d'enregistrement : 32*   *AD - 32*
>
> La présentation est toujours la même : Initiales - initiales chiffres
>   ou
>   Initiales - chiffres

La Messagerie

• Code postal

Il se compose de 5 chiffres :

→ les deux premiers correspondent au département
→ les deux derniers au bureau distributeur

ex : 38000 Grenoble
38100 Grenoble
38320 Eybens
38040 St Martin d'Hères

Pour les villes composées d'arrondissements (Paris, Lyon...), le dernier chiffre correspond au numéro d'arrondissement.

ex : 75009 Paris
= 9e arrondissement

• Une entreprise peut prendre plusieurs noms

S.A.R.L. → Société à Responsabilité Limitée
S.A. → Société Anonyme
Cie → Compagnie
Sté → Société
Ets → Etablissements

• Cedex / Cidex

Cedex : code d'expédition

Cidex : code industriel d'expédition

2. PETIT DICTIONNAIRE COMMERCIAL

ACCUSE DE RECEPTION

Bordereau ou formule qui prouve que l'on a reçu une lettre ou une marchandise.

ACQUIT

Reconnaissance écrite d'un paiement portée sur le document qui précise la somme à payer (ex : PAYE).

AVARIE

Détérioration subie par une marchandise pendant son transport.

AVOIR

Somme portée au crédit d'un client après une erreur de facturation au lieu d'effectuer un remboursement du trop perçu.

BANQUE DE DONNEES

Ensemble d'informations sur informatique, accessible par ordinateur avec un code d'accès (nécessité de payer un abonnement). On en trouve dans différents domaines : économie, droit, etc.

BECANE

Ordinateur (familier)

BIP

Signal sonore qui précède ou suit un message téléphonique.

BIGOPHONER

Téléphoner (familier)

BOITE AUX LETTRES

Sur Minitel, permet de laisser ou de lire des messages

BORDEREAU DE LIVRAISON

Formulaire qui, une fois signé, prouve que la livraison a été effectuée. Il contient le poids du colis, le nombre de colis, la date ...

CODE D'ACCES

Numéro permettant d'obtenir un service Minitel ou une banque de données informatique.

CONDITIONS DE VENTE

Modes et conditions de paiement ; modes et conditions de livraison. Ces deux précisions sont portées sur le bon de commande.

CONDITIONS DE PAIEMENT

Date, mode (chèque, traite ...) choisis pour le paiement.

COUP DE FIL

Coup de téléphone, appel téléphonique.

CREANCE

Dette, somme due.

DELAI DE PAIEMENT

Accorder à un client un certain nombre de jours avant de régler sa facture (30 jours, 60 jours, 90 jours).

DOMMAGES

Tort causé (manquer une vente, délai pour servir un client quand la livraison est en retard...).

DOMMAGES ET INTERETS

Somme due pour réparation du tort causé.

EMARGEMENT / EMARGER

Signer dans la marge d'un bon de livraison = acceptation de la livraison et de la marchandise telle qu'elle est.

ESCOMPTE

Réduction accordée sur le montant d'une facture à un client qui paie comptant alors qu'il pouvait avoir un délai de paiement.

EVALUATION DU PREJUDICE

Opération par laquelle on estime le montant de la perte subie.

EXPERTISE
Examen d'une marchandise effectué après demande de dommages et intérêts pour déterminer l'état de la marchandise et le préjudice subi.

EXPERTISE AMIABLE
Expertise faite sans intervention judiciaire.

EXPERTISE JUDICIAIRE
Expertise faite sous contrôle judiciaire.

FACTURE
Formulaire où sont inscrits : la somme à payer, le détail des marchandises vendues, le total, la T.V.A., les conditions de paiement.

FACTURE D'AVOIR
Bordereau adressé au client, où on inscrit la somme portée à son crédit et où on rappelle le motif de cette dette.

FACTURATION
Action de faire payer en inscrivant la somme due sur une facture.

FACTURE ERRONEE
Facture où il y a une erreur (= erreur de facturation).

FICHIER
Dans un bureau, sur Minitel ou sur ordinateur, ensemble d'informations classées.

FORMULER DES RESERVES / RESERVES
Remarques faites sur le bordereau de livraison quand la marchandise livrée ne correspond pas à celle qui a été commandée, quand le colis est en mauvais état, qu'il y a destruction.

FRANCO DE PORT
Port payé par le fournisseur et à sa charge.

H.T.
Hors-taxes

LETTRE RECOMMANDEE
Lettre ayant une valeur officielle de preuve car le destinataire doit signer un formulaire pour obtenir la lettre et ainsi prouver qu'il l'a reçue.

MENU
En informatique: un sommaire.

MESSAGERIE
1. Service du Minitel dont le but est de permettre aux personnes connectées de communiquer soit directement soit par l'intermédiaire des boîtes aux lettres.
2. Message laissé sur Minitel dans une boîte aux lettres.

MISE EN DEMEURE
Lettre par laquelle on exige, dans un délai précisé, la livraison, sous peine de refuser la marchandise.

MISE EN DEMEURE DE PAYER
Exiger le paiement d'une dette dans le délai précisé sous peine de poursuites judiciaires.

MODE DE PAIEMENT
Moyen par lequel le paiement est effectué : chèque par retour de courrier, chèque à ... jours, traite à ... jours, ...

MODE DE LIVRAISON
Moyen par lequel est effectuée la livraison (train, route, poste).

MONTANT DU PREJUDICE SUBI
Somme demandée en réparation du tort subi.

ORGANIGRAMME
Schéma qui montre l'organisation des services d'une entreprise - Schéma qui montre le déroulement d'une action commerciale avec toutes ses possibilités.

PAIEMENT A VOTRE CONVENANCE
Selon le mode (chèque, traite, ...) que le client préfère.

PAIEMENT COMPTANT
Lorsque le client paie à la réception de la commande ou par retour de courrier.

PIANOTER
Taper à la machine à écrire, sur ordinateur ou Minitel.

PORT DU
Port payé par le client à la réception de la marchandise.

La Messagerie

PORT PAYE

Port payé par le fournisseur et à la charge du client (les frais de port lui seront facturés).

POSTE

(Au masculin) Ligne téléphonique dans une entreprise ou une administration.

PREJUDICE

Dommage.

PRETENDRE AUX DOMMAGES ET INTERETS

Demander par lettre officielle (recommandée) de percevoir des dommages et intérêts en donnant les raisons de sa demande.

RABAIS

Réduction accordée pour compenser un défaut de qualité ou un retard de livraison ou des marchandises non conformes.

RAPPEL DE REGLEMENT

Lettre par laquelle on rappelle à un client qu'il n'a pas encore payé une facture. Lettre envoyée après un délai qui dépend de l'entreprise et du client.

RECEPISSE

Ecrit par lequel on reconnaît avoir reçu une somme d'argent mais surtout des objets.

REÇU

Ecrit par lequel on reconnaît avoir reçu de l'argent ou une chose à titre de paiement ou de prêt.

REGLEMENT

Paiement.

RELEVE DE FACTURES

Récapitulation sur un bordereau des factures payées, dues, d'avoir... durant une période (pour un client régulier).

REMISE

Réduction accordée en raison de la qualité du client, de sa fidélité, de l'importance de sa commande.

RESEAU

1. Pour le téléphone : ensemble des lignes.

2. Gamme proposée par une entreprises de services et diffusée dans tout le pays ou différents pays.

RETARD DE LIVRAISON / DELAI DE LIVRAISON

Délai : durée qui sépare la réception de la commande et la livraison.
Retard : durée qui sépare la date prévue de livraison et la date réelle.

RETARD DE PAIEMENT

Durée entre la date de paiement prévue et le paiement lui-même.

RISTOURNE

Réduction accordée, selon un taux progressif, sur le montant des factures d'une période pour remercier le client de sa fidélité.

SAUVEGARDER

Mettre, conserver en mémoire (pour un ordinateur).

SOURIS

Appareil qui permet de se positionner sur l'écran d'un ordinateur.

STANDARD

Dans une entreprise ou une administration : central téléphonique.

TERME CONVENU

Date prévue (pour une livraison, un paiement).

TERMINAL

Ordinateur central auquel sont reliés (connectés) d'autres ordinateurs.

TRANSPORTEUR MANQUANT

Transporteur qui n'a pas respecté son contrat, retard de livraison en particulier.

T.T.C.

Toutes taxes comprises.

T.V.A.

Taxe sur la valeur ajoutée. (5 à 33%).

3. PETIT VOCABULAIRE COMMERCIAL

AVOIR

ACCUSE DE RECEPTION
Bordereau ou formule qui prouve que l'on a reçu une lettre ou une marchandise.

ACQUIT
Reconnaissance écrite d'un paiement portée sur le document qui précise la somme à payer (ex : PAYE).

AVOIR
Somme portée au crédit d'un client après une erreur de facturation au lieu d'effectuer un remboursement du trop perçu.

CREANCE
Dette, somme due.

CONDITIONS DE VENTE
Modes et conditions de paiement; modes et conditions de livraison. Ces deux précisions sont portées sur le bon de commande.

FACTURE D'AVOIR
Bordereau adressé au client, où on inscrit la somme portée à son crédit et où on rappelle le motif de cette dette.

DIVERS

LETTRE RECOMMANDEE
Lettre ayant une valeur officielle de preuve car le destinataire doit signer un formulaire pour obtenir la lettre et ainsi prouver qu'il l'a reçue.

ORGANIGRAMME
Schéma qui montre l'organisation des services d'une entreprise - Schéma qui montre le déroulement d'une action commerciale avec toutes ses possibilités.

RECEPISSE
Ecrit par lequel on reconnaît avoir reçu une somme d'argent mais surtout des objets.

REÇU
Ecrit par lequel on reconnaît avoir reçu de l'argent ou une chose à titre de paiement ou de prêt.

TERME CONVENU
Date prévue (pour une livraison, un paiement).

DOMMAGES

DOMMAGES
Tort causé (manquer une vente, délai pour servir un client quand la livraison est en retard ...).

DOMMAGES ET INTERETS
Somme due pour réparation du tort causé.

PRETENDRE AUX DOMMAGES ET INTERETS
Demander par lettre officielle (recommandée) de percevoir des dommages et intérêts en donnant les raisons de sa demande.

EXPERTISE

EXPERTISE
Examen d'une marchandise effectué après demande de dommages et intérêts pour déterminer l'état de la marchandise et le préjudice subi.

EXPERTISE AMIABLE
Expertise faite sans intervention judiciaire.

EXPERTISE JUDICIAIRE
Expertise faite sous contrôle judiciaire.

FACTURE

FACTURATION
Action de faire payer en inscrivant la somme due sur une facture.

FACTURE
Formulaire où sont inscrits : la somme à payer, le détail des marchandises vendues, le total, la T.V.A., les conditions de paiement.

FACTURE ERRONEE
Facture où il y a une erreur (erreur de facturation).

RELEVE DE FACTURES
Récapitulation sur un bordereau des factures payées, dues, d'avoir... durant une période (pour un client régulier).

LIVRAISON

BORDEREAU DE LIVRAISON
Formulaire qui, une fois signé, prouve que la livraison a été effectuée. Il contient le poids du colis, le nombre de colis, la date ...

MODE DE LIVRAISON
Moyen par lequel est effectuée la livraison (train, route, poste).

RETARD DE LIVRAISON / DELAI DE LIVRAISON
Délai : durée qui sépare la réception de la commande et la livraison.
Retard : durée qui sépare la date prévue de livraison et la date réelle.

PAIEMENT

CONDITIONS DE PAIEMENT
Date, mode (chèque, traite ...) choisis pour le paiement.

DELAI DE PAIEMENT
Accorder à un client un certain nombre de jours avant de régler sa facture (30 jours, 60 jours, 90 jours).

MISE EN DEMEURE DE PAYER
Exiger le paiement d'une dette dans le délai précisé sous peine de poursuites judiciaires.

MODE DE PAIEMENT
Moyen par lequel le paiement est effectué, chèque par retour de courrier, chèque à ... jours, traite à ... jours, ...

PAIEMENT A VOTRE CONVENANCE
Selon le mode (chèque, traite, ...) que le client préfère.

PAIEMENT COMPTANT
Lorsque le client paie à la réception de la commande ou par retour de courrier.

RAPPEL DE REGLEMENT
Lettre par laquelle on rappelle à un client qu'il n'a pas encore payé une facture. Lettre envoyée après un délai qui dépend de l'entreprise et du client.

REGLEMENT
Paiement.

RETARD DE PAIEMENT
Durée entre la date de paiement prévue et le paiement lui-même.

PORT

EMARGEMENT / EMARGER
Signer dans la marge d'un bon de livraison = acceptation de la livraison et de la marchandise telle qu'elle est.

FRANCO DE PORT
Port payé par le fournisseur et à sa charge.

PORT DU
Port payé par le client à la réception de la marchandise.

PORT PAYE
Port payé par le fournisseur et à la charge du client (les frais de port lui seront facturés).

PREJUDICE

AVARIE
Détérioration subie par une marchandise pendant son transport.

EVALUATION DU PREJUDICE
Opération par laquelle on estime le montant de la perte subie.

MONTANT DU PREJUDICE SUBI
Somme demandée en réparation du tort subi.

PREJUDICE
Dommage.

TRANSPORTEUR MANQUANT
Transporteur qui n'a pas respecté son contrat, retard de livraison en particulier.

REDUCTION

ESCOMPTE
Réduction accordée sur le montant d'une facture à un client qui paie comptant alors qu'il pouvait avoir un délai de paiement.

RABAIS
Réduction accordée pour compenser un défaut de qualité ou un retard de livraison ou des marchandises non conformes.

REMISE
Réduction accordée en raison de la qualité du client, de sa fidélité, de l'importance de sa commande.

RISTOURNE
Réduction accordée, selon un taux progressif, sur le montant des factures d'une période pour remercier le client de sa fidélité.

ETS. COPA-FRANCE

Z.I. DES QUATRE-SEIGNEURS
BP 06 X
38020 GRENOBLE-CEDEX

Tél : 76 59 15 33

Vos Réf. :
Nos Réf. :
Objet :
P.J ann. :	Grenoble, le ....

S.A. au capital de 4 000 000 F / R.C.S. Grenoble B 432 874 521. / C.C.P. Grenoble 4 521 93 G
TELEX : 254 606 / SIRET : 814 549 234 62 195.

Réseau d'Achat et de Vente International

sté / r.a.v.i

BP 206 — 75 001 PARIS-CEDEX
Siège social : 81 rue de Rivoli 75 001 Paris — 37 55 07 24

Vos Réf. :
Nos Réf. :
Objet :	Paris, le ....

P. J ann. :

S.A.R.L. au capital de 9 000 000 F / R.C.S. Paris C 623 452 373 /
CCP Paris 8 952 44 P / TELEX 941 116 / SIRET 894 498 776 80 384

Achevé d'imprimer
avec les films fournis,
en novembre 1996
par IMPRIMERIE LIENHART
à Aubenas d'Ardèche

Dépôt légal novembre 1996
N° d'imprimeur : 8797
Printed in France